全球视野下国际项目管理的策略、风险与实践

李雷 著

辽宁科学技术出版社

·沈阳·

图书在版编目（CIP）数据

全球视野下国际项目管理的策略、风险与实践 / 李雷著.

沈阳：辽宁科学技术出版社，2025. 6. -- ISBN 978-7-5591-4244-3

Ⅰ . F224.5

中国国家版本馆CIP数据核字第2025AK4961号

出版发行：辽宁科学技术出版社
   （地址：沈阳市和平区十一纬路25号 邮编：110003）
印 刷 者：辽宁鼎籍数码科技有限公司
经 销 者：各地新华书店
幅面尺寸：170mm×240mm
印 张：7.25
字 数：140千字
出版时间：2025年6月第1版
印刷时间：2025年6月第1次印刷
责任编辑：陈广鹏
封面设计：木 子
责任校对：栗 勇

书 号：ISBN 978-7-5591-4244-3
定 价：58.00元

联系热线：024-23280036
邮购热线：024-23284502
http://www.lnkj.com.cn

前 言

在全球化浪潮的推动下，跨国合作与竞争已成为当今经济发展的主旋律。企业"走出去"的步伐不断加快，国际项目规模日益扩大，复杂性与风险性也随之攀升。无论"一带一路"倡议下的基础设施工程，还是跨国科技企业的联合研发项目，成功的核心不仅在于技术与资金的投入，更在于能否构建一套科学、高效的国际项目管理体系。在此背景下，《全球视野下国际项目管理的策略、风险与实践》一书应运而生，旨在为全球化的实践者提供一套系统化的方法论，助力企业在国际舞台上实现战略目标。

国际项目管理与传统项目管理存在本质差异。传统项目通常聚焦于单一地域或文化环境下的任务执行，而国际项目则需应对多元文化、多国法规、跨时区协作以及复杂的政治经济环境。本书开篇即从全球化视角切入，剖析国际项目管理的三大核心特点——全球化、多元化与专业化。全球化要求企业超越地域限制，整合全球资源；多元化强调适应不同行业与市场的需求，灵活运用EPC（设计-采购-施工总承包）、BOT（项目总承包）等模式；专业化则呼吁构建符合国际标准的项目管理体系，以提升竞争力。本书通过大量类似案例，揭示了国际项目成功的关键：在战略上具备全球视野，在战术上深耕本地化实践。

本书以项目管理知识体系为基础，结合国际项目特有的挑战，构建了覆盖项目全生命周期的管理框架。核心内容围绕六大模块展开：范围管理、时间管理、成本管理、质量管理、风险管理以及沟通与协作。在范围管理部分，本书提出"四步法"——定义目标、分解任务（WBS）、审核范围、控制变更。例如，在跨国能源项目中，范围蔓延可能导致成本超支与工期延误，而通过建立动态范围控制机制，可有效规避此类风险。在时间管理部分，跨时区协作与复杂依赖关系是国际项目的常态。书中引入关键路径法（CPM）与敏捷方法相结合的策略，并强调"时间弹性"的重要性。

成本管理是国际项目的核心挑战之一。汇率波动、多国税务与供应链成本常常使企业陷入困境。本书提出"全周期成本控制模型"，从事前预算优化、事中实时监控到事后复盘分析，形成闭环管理。以某海外工业园区项目为例，通过本地化采购与汇率对冲工具，企业成功降低15%的综合成本。质量管理部分则强调国际标准与本地需求的平衡。本书倡导"双轨制"——以ISO体系为框架，融入本地化质量指标，并通过PDCA循环持续改进。

风险管理是国际项目成功的关键。识别与应对不确定性是国际项目的生存法则。本书系统梳理了技术、市场、合同等风险类型，并提出"预防－缓解－转移－接受"的四维策略。例如，某基建项目通过引入第三方保险与争议解决机制，有效化解了东道国政策变动风险。此外，本书还提供了丰富的实战工具，如跨文化沟通矩阵、风险量化模型、成本动态监控仪表盘等。这些工具已在多个行业中得到验证。

本书面向企业管理者、项目经理、学术研究者以及政策制定者。对于企业管理者，本书帮助其洞悉国际项目核心逻辑，制定全球化战略；对于项目经理，本书提供了跨文化团队协作、风险应对的实用技能；对于学术研究者，本书提供了前沿理论与案例，推动学科交叉创新；对于政策制定者，本书帮助其理解企业国际化痛点，优化跨境合作政策。在写作过程中，作者始终秉持三个原则：系统性（覆盖项目全流程）、实用性（提供可复制的工具模板）与前瞻性（融入数字化转型、ESG等新兴趋势）。

国际项目管理是一门融合科学、艺术与文化的学科。它既需要严谨的方法论，也离不开对人性与环境的深刻洞察。本书是成为读者穿越全球化迷局的一盏明灯——无论开拓新兴市场的先锋，还是优化海外运营的智者，都能在此找到破局之道。我们深信，随着更多企业踏上国际舞台，科学的管理体系将成为中国智慧全球化的核心引擎。愿本书助读者在复杂中寻找规律，在风险中捕捉机遇，最终在国际项目的星辰大海中，锚定成功的坐标。

目 录

1 国际项目管理概论

在经济全球化与"一带一路"倡议深入推进的时代浪潮下，国际市场为企业带来前所未有的机遇与挑战。国际项目管理作为企业开拓国际市场的关键驱动力应运而生并迅速发展。它打破传统管理界限，融合多元要素，在复杂多变的国际环境中，为企业实现资源优化配置、高效项目运作及风险有效防控提供了有力支撑。本章将从国际项目管理的定义、类型、与传统管理的差异，到其在资源配置、风险应对等方面的重要价值，全方位深入剖析，助力读者构建对国际项目管理的全面认知。

1.1 国际项目管理的理论基础

国际项目管理是全球化背景下应运而生的管理实践，它超越了传统项目管理的范畴，需要在跨国、跨文化的复杂环境中协调多方资源、平衡多元利益。本节将深入探讨国际项目管理的定义、发展特点及其与传统项目管理的异同，揭示这一管理领域的核心要义与发展趋势。

1.1.1 国际项目管理的定义

国际项目管理是指在国际范围内进行的项目管理活动[1]。国际项目管理通常涉及跨越国界的合作与协调，需要考虑不同国家之间的文化、法律、语言、时区等因素，所以，相比传统项目管理，国际项目管理具有更高的复杂性、风险性和不确定性。近些年，随着全球经济一体化进程的加快，越来越多的组织和企业需要跨越国界，协调不同地域的资源和力量来实现战略目标，这使得国际项目管理成为一个日益重要的领域。

传统的项目管理注重三大要素——时间、成本以及质量，但在国际项目管理中，仅仅关注这些是不够的。国际项目管理的挑战不仅限于这些基本要素的控制，还应包括如何在多变的国际环境中灵活应对复杂的外部因素。由于国际项目通常涉及多个国家，所以项目经理需要协调来自不同国家的项目成员，平衡各方的需求和利益，确保项目能够在预算内按时完成并达到预期的质量标准。

国际项目管理的核心在于通过科学、系统化的方法和技术，协调和控制项目的全过程。具体来说，国际项目管理有三个核心要素。第一个核心要素是项目控制。项目控制是指对项目活动或项目过程的过程管理，旨在保证项目在实施的过程中按时按质完成，从而取得预期的项目效果。项目经理需要通过精确的控制方法，实时监控项目的进度、成本和质量。目前，被广泛使用的项目控制方法包括：借助智能监控软件实时控制国际项目，以及提前进行项目风险评估并提出相应的应对方案。具体来讲，借助科学的监控工具和指标，可以帮助项目团队及时识别项目中可能存在的问题和风险，并采取适当的调整措施，避免项目偏离预定目标；在跨国项目中，不同国家的政治环境、经济周期、法律法规等都可能对项目产生重大影响。因此，提前做好对风险的预判并设计相应的应对方案，并在项目执行过程中不断根据实际情况的变化进行调整和优化，才可以确保国际项目的顺利推进。

国际项目管理的第二个核心要素是跨文化管理。在跨国项目中，团队成员往往来自不同的国家，不同的文化背景、语言差异、不一致的工作习惯，甚至不同的沟通方式和决策模式都可能导致团队内部产生误解和冲突，影响项目的顺利进行。所以，如何有效地管理这种文化差异，是决定项目是否成功的关键因素之一。这就要求项目经理必须具备较强的跨文化沟通能力，能够理解并尊重不同文化背景下的工作方式和人际交往习惯。并且需要通过有效的文化适配和沟通，减少文化差异带来的障碍，促进团队成员之间的协作与信任，从而提高工作效率和团队凝聚力，确保项目的顺利进行。

国际项目管理的第三个核心要素是利益相关者的管理。由于国际项目的复杂性，它往往涉及多个利益相关者，比如客户、供应商、政府机构、合作伙伴等。每个利益相关者都有其独特的需求、期望和影响力，这就可能产生矛盾和冲突。项目经理需要协调各方的需求，并确保各方的期望得到合理的满足。这就要求项目经理不仅要有扎实的项目管理技能，还要具备出色的谈判能力和策略思维，确保各方利益的平衡与冲突的有效解决。

理解好这三个核心要素只是做好国际项目管理的前提，项目经理需要在项目实战中，结合实际情况灵活应用，在多变的环境中懂得变通，只有这样才能确保国际项目的顺利进行。

1.1.2 国际项目管理的发展特点

随着全球化进程的加速，国际项目管理也在不断发展和演化，呈现出一系列新的特点。从当前国际项目管理的整体发展趋势来看，企业在开展国际项目管理时，必须对这些特点有清晰的认识和理解，才能够采取有效的措施，推动管理工作创新，并确保项目能够在复杂的国际环境中顺利实施。

国际项目管理具有全球化的特点。全球化不仅改变了项目的执行模式，也让项目的规模和复杂性大幅提升。现代国际项目往往涉及多个国家和地区，涉及的领域也广泛分布于能源、基础设施、通信、信息技术、环保等各个行业。这种规模庞大、层次丰富的项目，需要国际项目经理具有全球视野和跨文化协调的能力。因此，国际项目管理的核心之一就是要树立"全球化"思维。项目经理和团队必须具备敏锐的国际市场洞察力，掌握全球各地的政策、法律法规、文化背景和商业环境。同时，跨国项目的管理需要依赖全球化的资源，才能确保项目的高效推进。比如，聘请国际项目所在地的优秀人才，不仅能够提升项目管理的专业性和本地化程度，还能加强与当地政府、企业和社区的沟通与合作，从而有效降低跨文化沟通障碍，提高项目执行的实效性和可持续性。

国际项目管理具有多元化的特点。随着经济全球化的深入发展，企业中的国际项目变得越来越多，并且项目的复杂性也日益增加。由于不同领域和行业的项目管理需求各不相同，不同的国际项目在管理上的要求也各不相同，国际项目管理逐渐呈现出多元化的特点。国际项目管理需要适应这些差异，探索出更加科学、灵活、适应本项目的管理模式。例如，当前广泛采用的EPC（设计-采购-施工）模式，是一种将设计、采购和施工有效结合的管理方式，能够提高项目的整合性和协同性。在实施国际项目时，采用这种模式能够优化资源配置，提升项目的整体效率和质量，但对于不同的国际项目，项目经理应该根据项目的实际情况，进行灵活调整。此外，不同行业在项目管理过程中也有其特殊的要求和挑战。例如，能源行业的项目管理往往需要考虑环境影响评估、安全合规和技术创新等方面，而信息技术行业的项目管理则更加注重敏捷性和技术更新。所以在进行国际项目管理时，项目经理需要根据行业特点量身定制管理策略，并设计出符合行业特性的项目管理模式，确保项目顺利进行并取得预期成果。

国际项目管理具有专业化的特点。随着项目管理理论和实践的不断发展，项目管理的知识体系得到了更加优化和完善。特别是在国际项目管理领域，专业化的要求更为突出。在这种背景下，企业需要不断提升自身的项目管理水平，注重专业化培养和体系化建设。这不仅包括提升项目经理和团队成员的专业技能，还包括建设专门的国际项目管理团队，采用国际先进的管理方法和工具。通过制定更加系统和规范的项目管理流程，提升项目执行的规范化水平，可以有效确保国际项目在复杂多变的环境中仍能够保持高效运作。例如，企业可以从自身实际出发，结合行业特性和项目需求，构建具有特色的国际项目管理体系，使其具备强大的应变能力和适应性，从而确保项目管理的良性发展。

国际项目管理的发展趋势是向着更加全球化、行业多元化和专业化的方向迈进。这就要求，企业不仅要具备国际视野和跨文化管理能力，还要根据行业需求探索更科学的管理模式。同时，随着国际项目管理学科的不断完善，专业化的管理体系将成为推动项目成功实施的关键。对于我国企业来说，理解并掌握这些特点，有助于提高国际项目管理的能力和水平，并在激烈的国际竞争中占据优势地位。

1.1.3 国际项目管理与传统项目管理的异同

在项目管理领域，传统项目管理和国际项目管理在方法论和执行过程中存在一定的相似性，但也有许多重要的区别。传统项目管理通常是在单一国家或地区的背景下进行的，项目团队的成员和资源大多集中在同一地域内，管理过程也相对简单，沟通和协作较为直接。然而，国际项目管理则具有跨国界、跨文化的特点，项目的执行涉及多个国家和地区，面临着更加复杂的政治、经济和社会环境。这些差异使得国际项目管理在实施过程中，需要考虑更多的变数和多样化的管理策略。接下来的部分，将深入探讨国际项目管理与传统项目管理之间的一些关键差异。

国际项目管理面临着更为复杂的跨文化管理问题。在传统项目管理中，项目团队成员通常来自相似的文化背景，沟通和工作习惯具有较高的共性，这使得团队成员之间的协作和信息传递更加顺畅。然而，在国际项目管理中，项目团队往往由来自不同文化背景的成员组成，这就要求项目经理不仅要具备良好的沟通技巧，还要敏锐地意识到文化差异可能带来的影响，例如不同文化中对时间、权威和决策的不同理解。为了有效管理这些文化差异，项目经理需要主动开展跨文化沟通培训，建立统一的工作标准，并通过定期的文化交流与活动促进团队成员之间的相互理解与信任，从而减少文化冲突，确保项目的顺利推进。

国际项目管理还面临着多重法律和政策环境的挑战。传统项目管理通常只需要遵循单一国家或地区的法律法规，而国际项目管理则必须同时考虑多个国家和地区的法律框架和政策要求。不同国家对环保、劳动、安全等方面的要求可能存在显著差异，这就要求项目经理在项目初期进行详细的法律合规性评估，并建立健全合规的管理机制。例如，在一个涉及多国的工程项目中，项目经理可能需要考虑各国不同的环保标准、税收政策和安全规定等问题。因此，项目经理必须与各国的法律专家合作，确保项目在执行过程中能够遵守所有相关法律法规，并及时调整应对策略，避免法律风险对项目进度和质量造成负面影响。

资源配置和风险管理的复杂性也是国际项目管理与传统项目管理的一个重要差异。传统项目管理中的资源分配通常集中在一个地区或国家内，项目经理可以较为方便地管理和调配资源。然而，在国际项目管理中，项目资源分布广泛，涉及不同地区的供应链、人才和设备等。除了常见的技术风险和经济风险外，国际项目管理还需应对更复杂的地缘政治风险、汇率波动和跨国供应链中断等问题。为了应对这些复杂的风险，项目经理必须具备全球风险评估能力，及时识别和预测各种可能影响项目的外部因素，并制定相应的风险管理方案。这可能包括采购本地资源、设置国际保险、进行汇率对冲等措施，以降低潜在风险对项目的负面影响。

同时，国际项目管理还面临着利益相关者多样性的问题。在传统项目管理中，项目的利益相关者主要是本地的客户、供应商和项目团队成员，而国际项目管理的利益相关者则涉及多个国家的政府机构、社会组织、环保团体等。这些利益相关者之间的期望和要求可能存在冲突，如何平衡各方的利益，确保项目能够顺利推进，是国际项目管理中的一项重要挑战。为了处理这些复杂的利益关系，项目经理需要建立有效的利益相关者管理体系，通过积极的沟通和谈判确保各方需求得到合理的回应，并在项目执行过程中适时调整策略，以避免因利益冲突导致项目进度滞后。

1.2 国际项目的主要类型与典型案例

国际项目的主要类型包括设计–采购–施工总承包（EPC）、项目总承包

（BOT）、公私合营（PPP）等。这些模式在不同的国家和地区都有着广泛的应用，项目经理可根据项目的具体需求和环境条件进行选择和使用。

1.2.1　设计–采购–施工总承包（EPC）

设计–采购–施工总承包（EPC）模式是一种将项目的设计、采购和施工工作一体化的项目管理模式。EPC模式的核心特点是由承包商负责项目的全过程，从初步设计到详细设计，再到设备采购及施工阶段的所有环节。通过这种全程一体化的管理，EPC模式有效地简化了项目的管理结构和流程，减少了项目业主的协调工作。业主只需与一个总承包商打交道，从而降低了沟通成本和管理难度，提高了项目的实施效率。这种模式尤其适用于跨国基础设施项目，因为它能够减少跨文化沟通中的摩擦，确保项目管理的高效性和顺利推进。

（1）EPC 模式的优势

EPC模式的一个显著优势在于集中管理，这使得整个项目的各个环节能够实现有效衔接。设计、采购和施工的高度整合可以避免传统模式下设计与施工之间的沟通障碍，确保设计方案和施工计划的一致性。此外，承包商在项目的每个阶段都拥有全面的信息，能够优化各个环节的执行，从而提高整体效率，减少时间和资源浪费。在国际项目中，EPC模式也显得尤为重要，因为它帮助解决了语言障碍、文化差异和地域复杂性带来的沟通挑战，为项目的成功实施提供了保障。

通过EPC模式，项目的风险管理得到了显著加强。在传统模式下，由多个承包商和分包商参与的项目容易出现责任不清、风险分担不均的问题。而在EPC模式下，所有的设计、采购、施工工作由一个总承包商负责，因此所有风险都集中在承包商一方。总承包商通过与业主签订固定价格合同，确保项目成本的可控性，并通过全程的监控与管理，避免了预算超支和项目延期等问题。此外，由于承包商负责整个项目的生命周期，他们能够更早地识别潜在风险，并在项目启动前就采取必要的防范措施，从而降低了项目失败的可能性。

EPC模式还通过集中的采购和高效的资源配置，进一步优化了供应链管理。通过集中采购，承包商能够提高物资和设备的采购效率，降低采购成本。这种集中采购不仅能确保物资的及时供应，还能减少因多个供应商造成的物流问题，确保项目按计划推进。总承包商可以更好地把控采购环节，选择高性价比的设备和材料，并在质量控制方面有更大的话语权，这对于确保项目质量具有重要意义。

同时，EPC模式对技术创新的推动也起到了积极作用。总承包商不仅要负责项目的设计和施工，还需要在项目实施过程中不断优化方案，引入新技术，提高施工效率。如今，许多EPC项目都采用了先进的技术手段，如建筑信息模型（BIM）、虚拟现实（VR）和人工智能（AI）等，来帮助项目团队更好地规划、管理和执行项目。BIM技术的应用，尤其在设计和施工阶段，能够提供可视化的三维建模，帮助各方更好地理解项目需求和进度，减少设计中的错误，避免因沟通不畅而导致的施工返工，提高项目的精确度和施工质量。

此外，EPC模式还强化了可持续发展和环保目标的实现。随着全球环保法规的日益严格，项目在施工过程中必须符合各种绿色建筑标准和环保要求。总承包商在项目初期就需要综合考虑可持续性设计，确保项目在资源利用、能源消耗和环境影响等方面符合相关法规。这种考虑不仅能够减少项目对环境的负面影响，还能为业主在长期运营中节省能源成本，提升项目的社会责任感和市场竞争力。

EPC模式的优势还体现在项目的时间控制上。由于设计、采购和施工的紧密结合，项目的各个阶段可以实现并行作业，从而缩短了整体施工周期。传统模式下，由于设计和施工阶段通常是分开的，设计完成后再进行施工，这往往会造成时间上的延误。而在EPC模式下，承包商可以提前进行施工准备，甚至在设计尚未完成时，就开始进行部分施工，确保项目进度的顺利推进。这种灵活的管理方式，特别适用于那些需要在规定时间内完成的紧急项目。

（2）EPC模式的项目管理要点

设计-采购-施工总承包（EPC）模式的项目管理要点涵盖了从设计阶段到施工完成后的每一个环节。在EPC模式下，承包商需要承担整个项目的责任，因此高效的项目管理至关重要，涉及多个方面的综合管理，以确保项目按期、按质量要求完成，并实现最佳的成本控制。

首先，设计阶段是EPC项目管理中的关键。尽管设计费用占整个工程投资的比例较小，但设计阶段对工程成本的影响程度却极高。成功的设计不仅能大幅度提高工程的可行性，还能在很大程度上降低工程的直接费用和管理费用。在EPC模式下，设计与施工阶段的无缝对接至关重要。承包商需要确保设计方案充分考虑施工的实际需求，避免设计变更和返工的情况。优化设计能够帮助项目业主在后续阶段节省大量的费用，并缩短工程周期。因此，设计阶段需要重点关注对项目成本的控制、资源配置的合理性以及技术方案的可行性，以确保设计阶段的决策为后续的采购和施工打下坚实的基础。

其次，采购管理是EPC项目中的另一个重要环节。EPC项目的采购管理不仅涉及供应商和分包方的选择，还包括合同管理和采购过程中的各个环节，包括招标、采购、检验、运输以及仓储管理等。采购管理的关键是实现制度化和程序化，确保采购计划的科学性和执行的规范性。采购环节的顺利实施直接影响到工程进度和成本，因此承包商需要对采购进行严格的控制，确保采购的材料和设备符合设计要求，并按时交付。通过高效的采购管理，可以提高资源的供应链效率，减少项目实施中的不确定因素。承包商需要在合同签订前进行详细的供应商评价，采用技术和商务分开评估的方式，确保选择的供应商具备执行项目的能力和信誉，并能够按期交付所需的物资和服务。

在施工管理方面，施工是整个EPC项目的核心部分，也是项目成败的决定性因素。施工管理通常被划分为多个阶段，包括项目初始阶段、工程设计阶段、现场施工阶段、试车和验收阶段等。每个阶段的管理都需要精细化，尤其是在现场施工阶段，承包商需要严格按照设计方案和施工标准进行工作，以保证工程质量和施工进度。施工管理不仅仅是对工程进度的监督，还需要在施工过程中进行风险管理。EPC项目通常面临多种潜在风险，包括施工设备故障、劳动力短缺、环境变化等，因此承包商需要采用科学有效的风险管理手段，实时监控施工进度，并及时调整资源和计划，以应对突发问题。

在工程完成后，验收管理也至关重要，它直接关系到项目的交付质量。承包商需要对项目进行全面的验收检查，确保所有工作都符合合同约定的质量标准。验收工作不仅仅是形式上的检查，还需要进行详细的技术验收、质量验收以及安全验收等多个层面的检查。所有验收环节必须严格按照合同要求进行，确保项目的每一个环节都能达到高质量标准。通过细致的验收管理，能够及时发现潜在的质量问题，并进行有效的整改，以确保项目的最终交付符合业主的要求。

EPC总承包模式的项目管理涉及设计、采购、施工、验收等多个方面，每一个环节都需要精细化的管理和控制。承包商不仅需要具备全面的项目管理能力，还需要根据项目的特点和风险，采取科学的管理手段和技术手段，以确保项目能够顺利实施。通过有效的项目管理，EPC模式能够提高项目的整体效率，减少管理复杂性，确保项目按时、按质量要求交付，为项目业主带来更高的价值。

（3）EPC模式的典型应用案例

EPC模式在许多复杂的大型基础设施项目中都有着广泛应用，尤其是在需要整合大量技术、设备和资源的水电站、石油化工等项目中。通过这种模式，承包商可以更好地控制项目的各个环节，保证项目按照预期的时间、成本和质量目标顺利完成。

巴基斯坦SK水电站项目是一个典型的EPC模式应用案例，该项目位于巴基斯坦北部开伯尔-普赫图赫瓦省（KPK）的曼瑟拉地区，该水电站规划建设4台221MW的冲击式水轮发电机组，总装机容量884MW。项目的规模庞大，投资额数十亿美元，并且涉及复杂的地质和气候条件，以及紧迫的工期要求。基于这些特点和复杂性，使用EPC模式进行项目管理，可以更好地帮助项目顺利进行。

在项目初期，EPC模式使得设计、采购、施工等多个环节的管理由单一的承包商统一负责，避免了传统分包模式中不同承包商之间的协调难题。所有设计和施工工作都在一个统一的框架下完成，确保了各项任务的连贯性和一致性。比如，在水电站的坝型设计上，原设计方案推荐使用混凝土重力坝，但由于地质条件复杂，采用了沥青混凝土心墙堆石坝代替。该选择不仅符合现场的实际地质情况，还确保了项目的建设效率和后期运营的可持续性。

在采购方面，EPC承包商负责了从设备采购到材料运输的全过程。为了确保设备和材料能够按时到位，项目团队与各大供应商建立了紧密的合作关系，通过提前规划和调度，确保了关键设备如水轮发电机、变压器等的及时交付。项目团队还精心选择了高质量的材料，以保证工程的安全性和耐用性。

施工阶段则是EPC模式最为体现优势的部分。由于该项目涉及的施工地点复杂，且自然环境极为严峻，传统的施工方法存在较高的风险。在EPC模式下，项目团队对施工工序进行了详细规划与优化，确保了各项工作按部就班地进行。特别是在厂址的选择上，原设计方案将厂房设置在地下900m深处，面临着高地应力和涌水问题，施工难度极大。在EPC模式下，项目团队重新评估了厂址，最终决定将厂址移至距离昆哈河约700m的位置，并将深度缩短至350m。这一决策有效降低了施工风险，提升了工期进度，同时也减少了工程量和投资成本。

通过巴基斯坦SK水电站项目的实施，EPC模式在大型基础设施项目中的优势得到了充分展示。该模式通过将设计、采购和施工整合为一个整体，简化了项目管理流程，提高了各环节的协同效率，减少了沟通障碍。此外，EPC模式有效降低了项目执行中的不确定性，优化了资源配置和资金管理，确保了项目按时完成并控制在预算范围内。因此，EPC模式不仅适应了复杂工程的需求，也为类似国际项目的顺利实施提供了宝贵经验，证明了其在全球范围内的广泛应用潜力。

1.2.2　项目总承包（BOT）

项目总承包（BOT）模式，即建设–运营–移交（Build–Operate–Transfer）模式，是一种特殊的项目管理模式，广泛应用于基础设施建设领域，尤其是那些投资额度大、建设周期长的项目，如道路、桥梁、发电站等。在BOT模式下，项目的承包商负责项目的建设、运营，并在一段特许期限后将项目移交给政府或其他指定机构。这个模式通过将基础设施的经营权有期限地抵押以获得项目融资，或者通过基础设施国有项目的民营化，来实现政府和私人资本的合作。

BOT模式的核心在于它结合了市场机制和政府干预的双重优势。在这一模式中，私人机构作为项目的主要承担方，负责项目的建设和运营。政府则通过设定特许期和合同，确保私人资本在一定时间内能够获得合理的利润回报，同时又确保项目建设和运营符合社会公共利益。当特许期结束后，项目设施将无偿地移交给政府。此时，政府将接管并继续运营管理这些基础设施，以服务公众。

BOT模式的优势主要体现在资金筹集、风险分担和项目的持续运营管理方面。首先，BOT模式能够有效解决政府在建设大型基础设施项目时面临的资金问题。由于私人机构能够通过项目的运营收益来偿还贷款，因此不需要政府提供全部的资金支持。其次，BOT模式通过将项目建设、运营与管理的一系列责任划归承包商，可以将风险分担给私人机构，从而降低政府承担的财政风险。特别是在长期项目中，私人机构的积极性和责任心可以促使项目达到更高的效率和质量。最后，BOT模式通过对特许期内的运营管理进行约束，确保项目在投运后的高效运营，避免了项目建设后出现管理空白和资源浪费的情况。

BOT模式的项目管理要点主要包括立项、招标、投标、谈判和履约等几个阶段。在立项阶段，政府根据国家中长期的社会和经济发展计划，确定需要建设的项目，并发布相关的项目清单。这一阶段的关键是政府需要进行充分的可行性研究，以评估项目的技术和经济可行性，确保所选项目对社会和经济发展有积极的影响。随后，政府会通过招标方式选择合适的私人机构来承接项目。

在招标和投标阶段，政府会发布招标公告，并对投标企业进行资格审查，选择符合条件的企业进入下一轮投标。投标人需要准备详细的标书，并在规定时间内提交。这一过程的关键是确保选出的私人机构具备足够的能力来承担项目的建设和运营责任。招标过程中的竞争性和透明性非常重要，能够帮助政府选择到最适合的承包商，同时控制项目成本，确保项目的实施质量。

谈判阶段是BOT模式中的核心环节之一。特许合同是整个项目的法律基础，规定了政府和承包商之间的权利、义务、风险和回报。在这个阶段，政府和承包商需要就合同条款进行深入的协商和谈判，确保双方的利益得到平衡。成功的谈判能够为后续的项目执行提供清晰的指导，避免在履约过程中出现争议。合同条款的明确性和合理性直接影响到项目的顺利实施。

在履约阶段，项目进入建设、运营和移交的过程。首先，建设阶段要求承包商按照设计方案和技术要求完成项目的建设任务。建设期间，承包商需要严格管理施工质量和进度，确保项目按时完成。接下来，进入运营阶段，承包商负责项目的日常运营管理，确保设施的高效运行，并通过运营获得足够的收益来偿还贷款和实现利润。最后，在特许期结束时，将项目无偿移交给政府，承包商需按照合同要求完成移交工作。

管理过程中，BOT模式下的项目不仅要处理好建设过程中的质量、进度和成本控制，还需要关注长期的运营管理和风险防范。特别是在运营阶段，承包商需要持续关注项目的运营效率和财务状况，以确保项目的盈利能力。同时，政府应通过相关法规和监督机制，确保项目运营的透明度和公正性，避免私人机构在项目管理过程中出现寻租行为。

通过对BOT模式的管理要点的掌握，项目各方可以更好地推动项目的实施，保障项目的顺利交付与高效运营。这种模式的灵活性和可操作性，使其在全球范围内的基础设施项目中得到了广泛应用，并取得了显著的成功。在中国，诸如广深珠高速公路、重庆地铁、武汉地铁等项目，都采用了BOT模式，取得了良好的社会效益和经济效益，成为BOT模式在实际应用中的典型案例。

1.2.3 公私合营（PPP）

公私合营（Public-Private Partnership，简称PPP）是一种合作融资模式，通常适用于基础设施等公共项目的建设与运营。PPP模式的核心在于政府与私人企业之间的合作，政府通过特许经营协议将公共基础设施的建设、运营及维护任务交给私人企业，私人企业则负责项目的资金筹集、建设和后期运营。该模式的基本结构包括政府与私人企业通过成立一个特殊目的公司（Special Purpose Vehicle，SPV）共同合作，项目的投资、建设、运营与管理由这个公司负责，项目所需资金通过股权融资和贷款相结合的方式获取。

在PPP模式中，政府不仅为项目提供必要的支持，还通过制定政策、提供贷款担保或税收优惠等手段鼓励私人企业参与，帮助其获得资金并实现长期投资回报。通常，在项目建成后，私人企业会通过提供基础设施的运营服务来获得收入，确保其投资的回报。

（1）PPP 模式的优势

PPP模式是一种新型融资模式。区别于传统的由政府单独承担的公共项目融资，它将私人资本引入公共基础设施建设，通过项目本身的预期收益和政府的扶持措施来实现融资。这种模式使得项目能够依赖于项目运营的未来收益以及政府的承诺来安排融资，而非单纯依赖投资者的资信。通过这种方式，PPP模式大大降低了政府的前期投入和债务负担，优化了财政资源的配置。

PPP模式可以吸引民间资本参与，从而提高效率。在PPP模式下，私人企业不仅负责项目的融资和建设，还承担着运营管理的职责。政府与私营部门通过合作能够共同提高项目的效率，特别是在项目的早期规划、设计和可行性研究阶段，民间企业可以提供更为灵活和创新的解决方案，降低项目的总体风险。通过将民间资本引入项目，能够有效促进技术和管理模式的创新，提升项目的长期运营效率，同时也减轻了政府在项目中的负担。

PPP模式能够有效分担风险，同时保障投资回报。PPP模式通过明确的合同设计，政府与私人企业共享项目的风险和收益。私人企业在项目中承担建设、运营等商业性风险，而政府则负责政治风险和法规变动带来的风险。政府通过提供贷款担保、税收优惠、土地开发权等支持措施，确保民营企业的投资回报。对于民营企业来说，PPP模式能确保其在项目成功运行后获得稳定的回报，这也为政府引入更多的民间资本提供了动力。

（2）PPP 模式的项目管理要点

PPP项目的成功关键之一在于合同的设计与谈判。特许经营合同必须详细规定各方的责任、权利以及风险分配。例如，政府应明确对项目的监管要求，确保私人企业的行为符合公共利益。

PPP项目的风险管理至关重要。政府与私人企业需要根据项目的特点合理分配风险，确保在项目的整个生命周期内，所有潜在的风险都有明确的应对措施。项目公司需要承担建设和运营风险，而政府则应承担与政策、法律环境等相关的风险。

融资管理。PPP项目的融资结构需要灵活、有效。政府和私人企业需要共同努力确保项目能够顺利获得所需资金。项目公司通常会依赖银行贷款和债务融资，因此，合理的资金安排和偿还计划至关重要。

监管与绩效评估。政府在项目实施过程中需要建立有效的监管机制，确保私人企业按合同要求提供高质量的服务。通过定期评估项目的运营情况，政府可以及时发现问题并进行调整。

利益共享与风险共享机制。PPP模式要求政府和私人企业在项目的不同阶段共同承担风险并分享利益。为了保证合作的长期稳定，政府可以在项目盈利后通过调整租金或税收优惠等方式参与收益分配。

（3）PPP 模式的典型应用案例

北京地铁4号线是国内首次采用PPP模式的基础设施项目之一。项目将工程的投资建设任务分为A、B两部分，A部分由政府投资方负责，B部分则由PPP项目公司负责建设、运营和维护。政府与PPP公司签订特许经营协议，依据项目公司的服务质量和效益进行考核。在项目建设阶段，政府将部分投资资产以租赁的形式提供给PPP公司，为项目的正常运营提供保障。项目特许期结束后，PPP公司无偿将资产移交给政府。

深圳地铁4号线同样采用了PPP模式。港铁公司获得了项目的投资、建设、运营及沿线开发权。深圳市政府与港铁公司签署了协议，港铁公司成立项目公司，负责项目的融资与运营。项目的融资采用了政府与私人企业共同承担的模式，并通过政府的政策扶持和港铁的资本投入，确保项目顺利完成。项目公司在运营期满后将资产无偿移交给深圳市政府。

通过这两个案例，可以看出PPP模式在基础设施建设中的优势，尤其是在缓解政府财政压力、引入民间资本以及提升项目效率方面。政府与私人企业的合作不仅能有效降低风险，还能确保项目的可持续运营。

1.2.4 联合体总承包

联合体总承包是指多个公司组成联合体共同承揽项目。在此模式下，各成员单位在联合体中根据各自的优势分工合作，共同完成项目的设计、施工与交付。联合体成员单位在项目中通常承担连带责任，并与业主签订主合同，确保项目按计划高质量完成。

（1）联合体总承包模式的优势

联合体总承包模式在国际项目中的优势非常显著，主要体现在资源共享、优势互补、风险共担以及竞争力提升等方面。这种模式为不同专业领域的公司提供了一个合作平台，能够将各自的技术优势和资源整合起来，共同承担大型或复杂的工程项目，最大化发挥各自的专长。例如，设计单位和施工单位组成联合体时，能够弥补单一单位在资质或技术能力上的不足，从而实现更高效的协作和更优质的项目交付。通过资源共享，联合体成员能够互相支持，弥补单独承包方在特定领域的不足，提升整个项目的执行效率与质量。

优势互补是联合体总承包模式的核心优势之一。不同公司可以根据自身的专长，分工合作，从而形成强大的协作效应。例如，某些企业在设计方面具有丰富经验，而另一些则在施工管理和执行方面占据优势。联合体总承包模式使得这些企业能够有效结合，在项目执行过程中互相补充和支持，提高项目的整体质量和效率。同时，由于各成员单位的技术背景、项目经验和资源支持各有差异，联合体在面对技术难题时可以更灵活地调整策略，迅速解决问题，从而保证项目顺利推进。

联合体总承包模式的另一大优势在于风险共担。对于大型项目而言，风险无可避免地存在，包括设计问题、施工延误、成本超支等风险因素。通过联合体的方式，不同成员单位能够共同承担这些风险，从而降低单一单位承担风险的压力。特别是在面对跨国项目时，由于涉及的技术、市场和管理复杂性较高，联合体的风险分担机制能够有效减少单一企业的负担，同时确保项目各个环节得到有效控制。例如，联合体可以通过设立风险基金来应对项目中可能出现的不可预见风险，并根据不同成员的能力和资源，合理分担项目中出现的潜在风险，确保风险管理的高效性。

此外，联合体总承包模式在提升项目本地化程度和增强投标竞争力方面也具有显著优势。国际工程项目通常需要满足特定的招标要求，如本地企业的参与、项目管理经验、资源获取能力等。联合体总承包模式能够让不同地域和行业的公司组成合作伙伴，共同履行项目的不同要求。通过这种模式，联合体不仅可以满足招标方对本地化运营的需求，还能增强其在投标过程中的竞争力。

例如，某些企业可以提供项目所需的本地资源和网络支持，而其他企业则可以提供国际项目管理经验和高技术标准。这种合作不仅能够提高联合体在招标中的优势，还能有效提升其整体的市场竞争力。

综上所述，联合体总承包模式不仅能够促进不同专业领域的企业之间的合作，提升资源利用效率，还能够通过优势互补和风险共担，确保项目的高效执行和风险可控。在国际项目中，联合体总承包模式的这些优势使得参与方能够更好地应对复杂的项目需求，增强其在全球市场中的竞争力，推动项目的成功实施。

（2）联合体总承包模式的项目管理要点

明确责任与权利是联合体总承包项目顺利推进的关键。联合体协议应详细约定各成员单位的责任与权利，尤其是在分工、利益分配和项目管理方面的具体条款。牵头单位需确保自己在项目中的主导地位，拥有对外联络的排他权，以便统一协调和决策。实践中，牵头单位通常负责项目管理、进度控制和财务调度，其他成员单位的责任应清晰界定，避免出现责任推诿的情况。此外，牵头单位需建立有效的沟通机制，确保项目进度不因任何一方的延迟而受到影响。

合理的风险分担机制能够有效降低项目风险。联合体协议中应明确各方承担的风险范围和分配方式，尤其是项目中的技术难题或外部环境变化。联合体各方应根据自身能力合理分担风险，并设立专门的风险应对机制来处理可能发生的问题。例如，可以通过设立风险基金来应对潜在的风险，确保不可预见的风险发生时能够迅速调配资金解决。联合体还应建立定期的风险评估机制，及时发现和应对项目中的风险，确保项目按计划顺利推进。

项目管理体系和考核机制是确保联合体总承包项目成功的保障。联合体应设立清晰的组织架构，确保各方职责明确，并通过定期的评审和考核机制，确保项目进度和质量控制在预定的范围内。项目管理委员会应负责制订工作计划、进度安排和资源配置方案，并确保成员单位之间的协同合作。考核机制应根据项目的各个阶段设定具体的考核标准，鼓励单位保持高效的工作状态并确保项目按时按质完成。通过奖罚分明的考核机制，可以激励各成员单位提高绩效，确保项目的顺利完成。

（3）联合体总承包模式的典型应用案例

典型案例部分包括了土耳其安伊高铁二期项目和中国香港西北铁路联营体项目。这些项目展示了联合体总承包模式在大型工程项目中的成功应用。

土耳其安伊高铁二期项目是联合体总承包模式在国际高铁建设中的成功实践。该项目涉及复杂的跨国合作，联合体成员包括土耳其本土的建设企业以及来自其他国家的技术和设计公司。在项目执行过程中，联合体各方通过共享资源和技术支持，成功解决了诸如技术差异、文化差异以及市场风险等问题。具体来说，牵头单位负责整体项目的进度控制和财务调度，而其他成员则在设计、施工和技术支持方面提供了各自的专长。通过这种合作模式，安伊高铁二期项目不仅在规定时间内完成了建设，还确保了工程质量达到国际标准。

中国香港西北铁路联营体项目是另一个典型的联合体总承包模式成功案例。在这一项目中，多个公司组成的联合体成功合作，承担了香港西北地区铁路建设的任务。为了选择最合适的联合体合作伙伴，项目团队采用了基于网络分析法（ANP）的决策模型，从多个维度对合作伙伴进行了评估，包括技术能力、资源优势、信誉等因素。通过这种科学的决策方法，项目团队能够优化联合体成员的选择过程，确保每个成员在项目中的作用能够得到最大化发挥。项目中的各方在设计和建设阶段紧密合作，制定了详细的时间表和质量控制标准，确保了工程按时完成。

土耳其安伊高铁二期项目和中国香港西北铁路联营体项目都成功证明了联合体总承包模式在项目中的优势。通过整合多方资源、优化决策过程和分担风险，这些项目不仅提高了合作方的执行力和质量控制能力，还有效提升了项目的成功率和市场竞争力。这些案例展示了联合体模式在复杂项目中的巨大潜力，并为未来类似项目的实施提供了宝贵经验。

1.3　国际项目管理的重要性与独特价值

随着"一带一路"倡议的深入实施以及中国企业"走出去"步伐的加快，越来越多的企业开始涉足国际市场，并与全球的合作伙伴和竞争者进行互动。在这一过程中，如何有效管理跨国项目，确保资源的合理配置与高效利用，成为企业能否成功拓展国际市场的关键因素。卓越的国际项目管理能够帮助企业应对日益复杂的国际市场需求，提升其全球竞争力。它不仅能够帮助企业在国际市场中获得竞争优势，还能通过科学的规划和系统化的管理方式，提高项目的执行效率与质量，进一步推动企业的全球化发展。

国际项目管理能够帮助企业更好地适应多变的国际环境。国际市场中的商业环境、政治环境、文化差异、法律法规等因素都具有较高的不确定性，企业要在这些复杂的环境中实现项目目标，需要具备高度的灵活性和应变能力。国际项目管理不仅要求企业具备项目本身的技术能力，还需要在组织结构、流程管理、沟通协调、资源调度等方面进行周密规划。通过系统化的项目管理，企业能够快速识别并应对外部环境的变化，有效规避或减轻国际项目中可能面临的风险，从而保证项目的顺利实施。

国际项目管理有助于优化资源配置，提高管理效率。全球化背景下，资源的配置不再局限于单一的国内市场，企业需要调动全球范围内的各类资源，包括资金、人才、技术和设备等。合理的资源配置能够最大化资源的利用效率，降低运营成本。在国际项目中，项目团队通常由来自不同国家和地区的成员组成，这就要求企业在项目管理过程中有效地进行团队建设和跨文化管理，确保不同背景的人员能够顺畅协作、各尽其职，从而提升整体管理效率。此外，国际项目管理能够帮助企业识别并整合全球各地的优势资源，使项目能够以更优的条件推动实施。

国际项目管理有助于强化风险管理，确保国际项目的可持续发展。国际项目往往面临着比国内项目更为复杂的风险，如市场波动、政策变动、文化差异、供应链中断等。通过建立系统的风险管理机制，企业能够及时识别潜在风险并采取应对措施，降低项目失败的可能性。例如，国际项目管理可以采用灵活的合同条款、明确的风险分配机制和动态的监控系统，帮助企业在风险发生时采取有效的应急预案，从而保证项目按时、按质完成。这不仅有助于提高项目的成功率，也能增强企业在全球市场中的抗风险能力和长期竞争力。

综上所述，国际项目管理不仅能帮助企业适应国际市场需求，提升其国际竞争力，还能通过优化资源配置、提高管理效率、强化风险管理等手段，为企业带来显著的经济效益和社会效益。在当前全球化发展的大背景下，加强国际项目管理的研究与实践，已成为推动企业国际化进程、提高全球竞争力的重要途径。因此，企业在开展国际项目时，必须重视国际项目管理的能力建设，确保项目能够在复杂的国际环境中顺利推进，为企业的长期发展奠定坚实的基础。

2　国际项目范围管理

国际项目范围管理是跨国项目成功的关键环节，有效的范围管理不仅能规避风险、提升资源利用效率，还能增强客户满意度，是项目成功交付的基石。而国际项目所独有的文化差异、法律多元和协作难题，又赋予其范围管理更多挑战与特殊性。本章节将带领读者深入探索国际项目范围管理的核心内容、重要价值与特殊之处。

2.1　项目范围管理的主要内容

项目范围管理是项目成功的关键所在，它直接关乎项目能否在既定时间、资源条件下达成预期目标。精准定义项目范围，合理制订范围计划，严格审核计划内容，有效控制范围变更，这些环节紧密相连、缺一不可，共同构成项目范围管理的核心内容。任何一个环节的疏漏都可能导致项目方向偏差、资源浪费甚至失败。本节将深入剖析项目范围管理的定义、计划制订、审核要点及变更控制流程，帮助读者掌握项目范围管理的精髓。

2.1.1　项目范围的定义

项目范围是完成项目需要做的所有工作的总量[2]。它明确了项目所要交付的产品、服务或成果的具体内容，并明确了哪些工作属于项目范畴，哪些工作不属于项目范畴。项目范围的定义对项目的成功至关重要，因为它为项目团队提供了明确的工作边界，避免了在项目执行过程中由于范围不清造成的混乱和不必要的扩展。

项目范围不仅仅是一个简单的"任务清单"，它是项目计划的核心组成部分。项目经理必须通过对项目目标的深入理解，将项目范围分解为具体的任务和可交付成果，以使所有项目成员和利益相关者能够明确项目的工作内容和预期目标。这一过程通常涉及与项目利益相关者的沟通与协商，以确保项目范围准确反映出他们的需求和期望。

在定义项目范围时，项目经理需要考虑多个因素，包括项目的目标、资源限制、技术需求以及外部环境等。这些因素共同作用，决定了项目的工作内容、可交付成果的要求及其质量标准。同时，项目范围的定义应具备灵活性，以应对项目执行过程中可能出现的变动，但这种灵活性必须建立在严格的管理和控制机制之上，避免项目范围的无序扩展。

项目范围的定义不仅为项目的执行提供了方向，也为资源的配置、进度的安排和预算的制定奠定了基础。项目经理在明确项目范围后，可以根据具体的任务分配和资源需求，制订详细的项目计划，包括团队建设、时间安排和成本估算等。同时，项目范围还能够帮助项目经理在项目实施过程中有效控制项目的质量，确保每个交付成果都符合预期的要求和标准。

一旦项目范围被确定，项目经理需要建立一套完善的项目范围管理体系，以保证项目在执行过程中不会偏离既定目标。项目范围管理的核心是通过控制范围的变更，避免"范围蔓延"现象的发生。范围蔓延是指在项目执行过程中，未经批准的任务或工作被添加到项目中，导致项目的进度和预算失控。为了避免这种情况，项目经理必须对所有变更请求进行严格的审批，并确保变更不会对项目目标、进度和预算产生负面影响。

项目范围管理的有效性直接影响到项目的成功与否。为此，项目经理通常会制定两个关键的管理文档：范围声明和范围管理计划。范围声明详细描述了项目的目标、交付成果、排除项等内容，明确项目的工作边界；而范围管理计划则规定了如何管理范围的变更、如何监控项目范围的执行以及如何应对项目过程中可能出现的范围扩展问题。通过这两个文档，项目经理可以确保项目范围的明确性和可控性。

2.1.2　范围计划的制订

范围计划的制订是项目管理中至关重要的一环，它确保了项目的目标和要求能够在有限的时间和资源内实现。有效的范围计划可以帮助项目团队明确工作目标、优化资源配置，并防止项目范围的蔓延。在项目启动阶段，范围计划的制订通常包括以下几个步骤：

（1）明确项目目标和背景

在项目启动的初期，项目经理首先需要全面了解项目的背景和总体目标。

项目目标的明确性决定了整个项目的方向和边界。明确项目目标的第一步是与项目干系人（如客户、供应商、团队成员等）进行深入沟通，确保所有利益相关方对项目的预期结果和目标达成一致。项目目标应具有明确的可衡量标准，确保项目的成果能够在项目结束时被准确评估。同时，项目背景的分析也不可忽视，包括了解项目的业务需求、战略意义以及与项目相关的市场环境等因素。一个明确的项目目标和背景为后续的需求收集和范围定义奠定了基础，确保项目始终朝着正确的方向发展。

（2）收集需求

在明确了项目的总体目标和背景之后，下一步是收集需求。收集需求是范围计划制订中至关重要的一步，它直接决定了项目范围的准确性和全面性。明确项目目标和背景为后续的需求收集提供了基础，因为只有在清晰理解项目的大方向和背景信息后，才能准确地收集与项目相关的具体需求。这一阶段的核心目标是将干系人的需求和期望转化为具体的项目范围定义，为项目的实施提供明确的框架。

需求的收集通常通过与项目干系人进行多轮沟通和信息收集完成。项目经理应与项目干系人进行面对面的访谈、召开需求工作坊会议、分发问卷、组织小组讨论等方式，全面了解各方的需求和期望。除了与直接干系人沟通外，项目经理还可以参考相关文档、市场调研报告、行业标准等辅助材料，确保需求收集的全面性。此时，要注意不同干系人可能对项目有不同的期望，项目经理需要综合各方信息，确保需求的完整性和合理性。

有效的沟通策略是需求收集的关键。在沟通过程中，项目经理应注重倾听而非仅仅发言，理解干系人的核心需求，而非表面需求。为了提高沟通的效率，项目经理可以采用定期的项目进展更新、阶段性的需求评审会议、在线反馈系统等方式，保持干系人与项目团队之间的持续互动。此外，项目经理还应注重沟通的透明度，确保项目干系人随时了解需求收集进程，避免在项目后期出现因需求不明确导致的返工或冲突。

需求收集完成后，接下来的重要环节是验证这些需求的准确性和可行性。需求验证是确保项目能够顺利进行的关键步骤，它直接影响到项目能否达到预期的目标和满足干系人的期望。项目经理需要通过多种方法对需求进行细致的评审和验证，确保需求不仅清晰、明确，而且具备实际的可操作性。

项目经理可以组织需求验证工作坊，这是一种非常有效的方式，通过集体讨论和互动的形式，帮助干系人进一步明确需求的细节和范围。在工作坊中，项目经理可以与项目团队及相关干系人一起，对每一项需求进行逐一评审，确保需求能够准确反映干系人的真实需求，并且没有遗漏或误解。干系人也可以直接参与到需求的确认过程中，进一步确保需求的完整性和一致性。

此外，干系人评审和确认也是验证需求的重要手段。在这一过程中，项目经理需要定期与项目的各个干系人进行沟通和讨论，确认需求的准确性和可行性。通过这种方式，项目经理能够确保所有的需求都得到了相关干系人的认可和同意，避免了因需求不一致或误解导致的后续问题。项目经理还可以通过形成需求确认文档，确保所有的需求都经过了干系人的正式批准，从而为项目执行奠定坚实的基础。

另一种验证需求的有效方法是原型开发，特别是对于一些复杂的功能性需求，原型可以提供一个直观的演示，帮助干系人更好地理解和评估需求的可行性。原型开发不仅能帮助项目团队更清楚地看到需求在实际操作中的表现，还能够让干系人看到需求实施后的效果，从而快速反馈并作出调整。通过这种方式，项目经理能够及早发现潜在的问题和挑战，减少后期开发中的不确定性。

在验证过程中，项目经理不仅要确保需求的准确性，还需要评估其可行性。这包括对需求的技术可行性、资源可用性、预算限制以及时间框架等方面的综合评估。项目经理应与技术团队紧密合作，评估每个需求的技术实现可能性，确保现有的技术能够支持需求的实现。同时，还需要评估可用的资源，如人力、设备和资金，确保这些资源在项目执行过程中能够得到充分利用，并且不会超出预算或导致项目进度延误。如果发现某些需求的实施超出了项目的预算或时间限制，项目经理需要及时与干系人沟通，寻找解决方案，可能包括调整需求、重新规划资源或延长项目周期等。

通过对需求的系统验证，项目经理能够有效避免项目范围偏差和后续的范围蔓延。需求验证不仅能够确保项目目标与实际执行的一致性，还能防止在项目执行过程中不断新增需求，从而导致项目成本和进度的不断膨胀。通过这一过程，项目经理为项目的顺利进行和最终的成功交付打下了坚实的基础。

（3）定义项目范围

在需求收集并验证后，项目经理将基于收集到的需求来定义项目的具体范围。在定义项目的具体范围时，首先要明确项目的目标和可交付成果，包括设计、开发、测试、交付等具体工作内容。接下来，项目经理要确保项目的边界清晰，即哪些任务是项目的一部分，哪些不包括在内。通过对项目范围的明确定义，可以避免后续的范围蔓延，并确保项目团队集中精力完成最重要的任务。

根据确定好的项目具体范围，接下来需要编写项目范围说明书。项目范围说明书是项目范围的正式文件，它详细描述了项目的边界、可交付成果、假设条件及其相关约束。项目范围说明书是对项目范围的进一步细化和正式化，它将项目经理在范围定义阶段所总结出的核心任务和交付成果，转化为一个正式且可操作的文件，确保所有干系人对项目目标和预期结果达成一致。

在编写项目范围说明书时，项目经理需要确保所有已收集和分析的需求都已经被充分考虑，并将其转化为清晰、具体、可执行的项目任务和交付成果。项目范围说明书的内容通常包括但不限于以下几个关键部分：

项目边界和可交付成果。这一部分阐明了项目的具体工作范围，明确哪些任务和交付成果是项目的一部分，哪些不包括在内。例如，项目可能涉及设计、开发、测试和交付等工作内容，项目范围说明书需要具体列出这些任务以及它们的目标和交付标准。

假设条件。假设条件是项目经理在规划阶段基于现有信息和假设作出的预期。假设条件可能涉及项目的技术、资源、环境等方面，这些假设条件在项目范围说明书中需要明确列出，以便项目团队在后期执行时有一个共同的预期标准。这些假设条件将影响项目的执行过程和最终成果，因此需要在项目范围说明书中清晰说明。

约束条件。每个项目都有其固有的限制条件，包括时间、成本、资源、法律和环境等方面。在项目范围说明书中，项目经理需要明确列出这些约束条件，特别是对项目的影响，以便团队在执行过程中充分考虑，避免因超出限制而导致项目失败。

通过将这些要素详细地记录在项目范围说明书中，项目经理不仅为项目团队提供了一个清晰的执行指南，也为项目干系人提供了一个可以共同参照的标准。项目范围说明书的目的是确保项目所有相关人员对项目的目标、边界、成果和假设有清晰的理解，减少因信息不对称或沟通不畅导致的误解和冲突。它是项目范围管理的基础，贯穿项目的整个生命周期，在项目实施过程中，项目经理可以根据它来控制范围，保证项目目标和预期成果得以如期实现。

（4）创建工作分解结构（WBS）

工作分解结构（WBS）是将项目范围进一步分解为可管理的、更小的任务和子任务的过程。WBS有助于提高项目的可控性，便于分配资源，并且为后续的进度控制、成本管理等提供依据。

在创建WBS时，项目经理可以采用多种方法进行任务分解，常见的WBS创建方法包括以下几种：

类比法。类比法是一种通过参考和借鉴类似项目的工作结构来进行项目分解的方法。这种方法适用于已有成功案例的项目，项目经理可以通过分析这些案例中成功的工作分解模式和结构，进行调整后应用到当前项目中。例如，假设一个项目经理需要组织一次大型国际会议。虽然此前他没有组织过类似的会议，但他曾负责过一场大规模的产品发布会。通过回顾产品发布会的流程，他发现这两个项目的工作结构有许多相似之处，比如都需要场地选择、嘉宾邀请、日程安排、宣传推广等环节。尽管两个项目的具体内容有所不同，但他可以借鉴发布会的经验，重新定义适合国际会议的工作分解结构，进而帮助他更高效地组织此次会议。类比法的优势在于能够利用历史经验，减少分解过程中可能出现的错误，快速构建一个合理的工作分解结构。然而，这种方法的适用性受到类似项目的质量和可比性的限制。例如，尽管国际会议与产品发布会在某些方面相似，但国际会议可能涉及更多的外部嘉宾、会议场地的安排，并且可能有更多语言和文化方面的考量，这些特殊因素与产品发布会存在较大的差异。因此，在使用类比法时，项目经理必须确保参考的项目与当前项目在整体结构和执行环节上有足够的相似性，才能确保其合理应用。

自上而下法。自上而下法是一种从项目的整体目标开始，逐步向下分解成具体任务和子任务的分解方法。项目经理首先确定项目的主要目标和任务，然后将这些目标细化为更小的子任务，最终形成一个详细的工作分解结构。例如，在一个建筑项目中，项目经理的首要任务是明确总体目标，如"完成一座办公大楼的建设"。在此基础上，项目经理将这一宏观目标进一步细化，分解为几个大的任务模块，例如"设计阶段""施工阶段"和"验收阶段"。每一个阶段的任务还会继续细化为更小的子任务，如在"施工阶段"下可能会细化出"基础施工""结构施工""水电安装"等具体任务。通过这种自上而下的分解方式，项目经理能够确保每个阶段的任务都能够服务于整个项目的目标，确保任务之间的紧密衔接和协调。自上而下法的优势在于它从宏观到微观地梳理项目工作，有助于确保项目的各项任务始终围绕整体目标展开，避免遗漏关键环节。以建筑项目为例，采用这种方法可以确保"设计阶段"与"施工阶段"之间的衔接没有遗漏，比如确保设计图纸的完成时间能够与施工开始时间准确对接，从而避免因时间错配而延误项目进度。然而，这种方法也存在可能过度分解或细节过多的问题。例如，在细化子任务时，项目经理可能会在某些环节过度细化，导致资源浪费或者管理的复杂性增加。因此，在分解过程中，项目经理需要保持适度的灵活性，避免陷入过于烦琐的细节，确保每个任务的分配都符合实际需求。

发散归纳法。发散归纳法是从项目的具体任务出发，逐步归纳总结出整体工作结构的分解方法。与自上而下法不同，发散归纳法的过程是从微观的任务层面入手，通过逐步扩展和整合，最终形成全面的工作结构。例如，在一个软件开发项目中，项目经理首先从最基本的任务入手，如编写单元测试、用户界面设计、代码编写等。通过对每一项任务的深入探讨，逐渐发现与其相关的其他工作，形成一个逐步扩展的工作结构。比如，在"编写单元测试"任务下，可能会进一步细化为"设计测试用例""实施自动化测试""测试覆盖率分析"等具体任务。通过这种方式，项目经理能够确保从最基础的任务出发，逐步构建完整的工作结构，避免遗漏任何关键环节。这种方法的优势在于能够从具体任务出发，确保项目的每一项任务都得到充分考虑，并且有助于发现和捕捉到项目中的细节和潜在问题。然而，由于其归纳过程较为自由，可能导致工作结构的整体性和一致性不足，因此需要特别注意任务之间的逻辑关系。例如，在上述软件开发项目中，项目经理需要确保"编写单元测试"和"代码编写"之间的关系明确，避免出现重复的测试工作或者未能覆盖到所有代码的测试，从而导致后期项目进展受阻。

系统分析法。系统分析法是一种基于项目系统要求进行分解的方法。该方法通过对项目的各个组成部分进行详细分析，从中识别出系统中不同的功能、流程和任务，并将其分解成具体的工作包。系统分析法适用于那些复杂且包含多个子系统或功能模块的项目，通过科学的分析和层级划分，确保项目的各项工作环节能够协调运作。比如，在一个大型的信息系统建设项目中，项目经理可以使用系统分析法，首先分析系统的核心模块，例如用户认证、数据存储、接口集成等功能模块。之后，将每个模块的任务和功能被进一步分解成具体的工作包，例如，在"数据存储"模块中，可能涉及数据库设计、数据迁移、性能优化等子任务，每个任务会单独列出并分配给不同的团队成员。该方法的优势在于能够系统性地考虑项目的各个方面，并确保各个环节能够紧密配合。然而，系统分析法可能需要较为复杂的前期准备和专业分析工具，且在操作过程中可能会涉及较多的技术细节。例如，针对上述信息系统建设项目，项目经理在初期可能需要利用UML（统一建模语言）等工具对系统进行建模，进行详细的需求分析和流程梳理，以确保项目范围的准确划分和各项任务的精确定义。这些工作通常需要专业的技术背景和深入的分析能力，可能会增加项目初期的时间和成本投入。

功能分析法。功能分析法是一种从功能角度进行任务分解的方法，广泛应用于复杂的工程项目、系统集成项目或技术性较强的项目中。这种方法的核心思想是将项目工作分解为多个功能单元，每个功能单元代表项目中的一项关键任务或输出。功能分析法帮助项目经理从系统的角度理解项目的整体架构，并确保所有必要的功能都得到覆盖。功能分析法的优势在于它强调了项目的功能需求，适用于需要多方协调、技术复杂度较高的项目。例如，在软件开发项目中，项目经理可以先将系统分解为主要的模块（如前端、后端、数据库等），然后再进一步分解每个模块的具体功能（如用户管理、数据处理等）。这种方法有助于确保项目的每个子系统和功能都能协调地运行。然而，功能分析法也有一些局限性。首先，过度依赖功能分解可能导致忽视项目的时间、成本等其他维度，尤其在项目初期，可能不容易全面把握所有功能要求。其次，若功能之间的关系没有得到良好管理，可能会导致工作重叠或遗漏。因此，项目经理需要在使用功能分析法时，确保充分理解各个功能单元的具体需求，并且要灵活调整，以避免过度复杂化。

目标导向法。目标导向法是从项目的主要目标出发，逐步分解为具体的任务和工作包的一种方法。其核心理念是：每一项任务或工作包都应直接支持项目的主要目标或子目标。该方法帮助项目经理确保所有的任务都紧密围绕项目目标展开，从而提高工作效率，并最大限度地避免资源浪费。目标导向法的优势在于它能够帮助项目团队聚焦于项目的核心目标，确保项目每个阶段的任务都是为了最终交付成果服务的。举例来说，在建设一个新的IT系统时，项目经理可以首先定义系统的最终目标（如提升客户体验、增加销售等），然后将这个目标分解为具体的阶段性目标（如需求分析、系统设计、系统测试等）。接下来，项目经理再将这些阶段性目标进一步细化为具体任务和工作包。目标导向法特别适合那些项目目标明确、项目范围固定且可测量的情况。通过确保每个任务与目标的关联，项目经理可以有效地追踪项目进展，及时发现任务的偏差和问题，进而作出必要的调整。此外，目标导向法也有助于提高客户和团队的期望管理，确保项目的最终成果能够满足预期。不过，目标导向法也有一些缺点。首先，目标的明确性对于该方法的成功至关重要，如果目标不清晰或变动较大，可能会影响WBS的构建和执行。其次，该方法容易过于关注目标的分解而忽略了任务间的协作和资源配置等问题，因此，项目经理在使用此方法时要保持足够的灵活性和动态调整。

专家判断法。专家判断法是通过项目经理、团队成员或者领域专家的经验和判断来帮助定义项目的工作分解结构。在项目管理的实践中，这种方法非常常见，尤其是当项目团队缺乏经验、项目复杂性较高，或缺乏详细的历史数据可供参考时，专家判断可以为项目的范围分解提供宝贵的意见和方向。专家判断法的优势在于，能够充分利用领域专家的专业知识和经验，帮助项目经理更准确地识别项目中的关键任务和工作包。专家可以基于他们对类似项目的经验，提出合理的工作分解结构，并对潜在的风险、瓶颈等问题提供建议。举个例子，在一个跨国建设项目中，项目经理可能会邀请建筑工程、法律、财务等领域的专家，帮助分解项目的工作内容，确保每个领域的任务都能全面覆盖。尽管专家判断法在处理复杂或特殊项目时非常有效，但其缺点也很明显。首先，专家的判断可能带有个人偏见，过于依赖专家可能会导致WBS的创建不够客观和全面。其次，在团队中缺乏足够专家资源的情况下，可能无法准确识别项目的关键任务。因此，在使用专家判断法时，项目经理需要确保所用专家的经验和背景是充分匹配项目需求的，并且要尽可能从多个角度进行判断和验证，以提高分解的准确性。

历史数据法。历史数据法是通过参考过去类似项目的工作分解结构来帮助创建当前项目的WBS。这种方法的优势在于能够借鉴之前项目中的经验和做法，从而减少重新分解工作的复杂度，特别适用于那些有类似背景或重复性任务的项目。例如，在多个城市实施同一款软件的升级项目中，项目经理可以参考先前项目中成功的工作分解结构，借鉴这些结构中的任务划分和资源配置，快速构建新的WBS。历史数据法的应用可以显著提高工作分解的效率，因为历史数据通常可以提供大量有用的参考信息，如任务的实际执行时间、所需资源、风险点等。然而，历史数据法也存在一定的局限性。首先，历史项目和当前项目可能存在一定差异，尤其是在技术、需求或资源方面，简单照搬历史数据可能无法完全适应新的项目要求。其次，历史数据的质量和准确性直接影响

WBS的有效性，如果历史数据不准确，可能会导致错误的工作分解。因此，项目经理在使用历史数据法时需要仔细筛选和评估历史案例，并根据当前项目的具体情况进行适当调整。

在选择适合本项目的WBS创建方法时，项目经理需要深入分析项目的具体特点。通常来说，项目的规模和复杂性是决定WBS创建方法选择的关键因素。例如，对于大规模、跨国的复杂项目，通常需要采用自上而下法或者系统分析法，因为这些方法能够帮助项目经理清晰地理顺各个子任务与主任务之间的层级关系，并确保各个环节的协调运作。另一方面，对于较为简单或者有明确历史参考的项目，类比法可能会更加高效，因为可以借鉴已有的成功经验，减少分解工作量。项目所涉及的行业要求同样也是一个不可忽视的因素。在某些特定行业，如建筑、IT或制造业，可能会有固定的分解标准或者行业最佳实践，这时候项目经理需要结合行业的特点，选择与行业规范高度契合的方法。

除了考虑项目的规模和行业要求外，项目经理还需要对各种WBS方法的优缺点进行综合评估。例如，自上而下法有助于宏观掌握项目全貌，但可能在细节层面存在过度分解的风险；而类比法虽然能够快速构建结构，但仅适用于相似项目。因此，项目经理需要权衡这些方法在当前项目中的适用性，确保选出的WBS方法能够提升项目管理的效率，并且符合项目实际的需求。

在作出最终决策之前，项目经理可以通过试点应用不同的WBS方法，对其效果进行验证。这一过程可以通过小范围的项目试行，或者模拟场景来进行。在试点过程中，项目经理需要观察不同方法在任务分配、资源配置、进度控制等方面的实际表现，从而对方法的可行性作出更为准确的判断。通过这样的验证步骤，项目经理能够进一步确定最适合当前项目特点的WBS创建方法。

2.1.3 范围计划的审核

在范围计划制订完成后，接下来的环节是需要对其进行审核。范围计划的审核过程至关重要，因为范围计划直接关系到项目的执行方向、资源分配和最终交付成果的质量。如果范围计划存在漏洞或不合理之处，可能会导致项目在实施过程中出现偏差，最终影响项目的成功。因此，进行有效的审核能够确保范围计划的可行性、合理性和执行性，为后续项目的实施打下坚实的基础。

在进行范围计划审核时，首先需要明确审核人是谁。审核人是确保项目范围得到准确理解和恰当规划的重要角色，选择合适的审核人可以有效防止项目范围不清晰或偏离目标的风险。通常来说，范围计划的审核人主要包括团队成员、项目发起人和客户。这三类审核人缺一不可，每类审核人都会从自身角色出发，依据不同的关注点对项目范围进行全面的评估，这样才能确保项目范围计划的完整性、合理性以及执行的高效性。

作为直接参与项目执行的核心力量，项目团队成员在范围计划的审核过程中发挥着至关重要的作用。他们主要关注项目的可行性和合理性，确保项目的各项计划能够在实际操作中顺利实施。团队成员在审核时，需要从多个维度对项目的任务分配、资源要求、时间安排等方面进行深入分析和评估。首先，他们要确保项目的技术路线是可行的，所采用的技术方案能够支持项目的顺利推进，并且没有过多的技术瓶颈或难题。其次，团队成员需要评估项目所需资源的充足性，包括人员、设备、技术支持等，确保资源能够在项目的各个阶段得到合理分配和使用。特别是在资源有限的情况下，团队成员还需要提出优化建议，确保资源的最大化利用。

在时间安排方面，团队成员要评估项目的时间表是否切合实际，是否能够在预定的时间范围内完成各项任务，避免出现进度过于紧张或过于松懈的情况。过于紧张的时间安排可能导致质量问题或任务无法按时完成，而过于松懈的安排则可能导致资源浪费和项目拖延。因此，团队成员需要确保时间安排合理、可控，并为项目的各个阶段留有足够的缓冲时间。

通过团队成员的审核，不仅可以帮助识别潜在的技术难题、资源冲突和执行中的困难，还能提前发现项目计划中可能存在的漏洞或不合理之处，为项目经理提供宝贵的反馈。这一过程有助于优化项目范围和计划，确保项目能够在资源、技术和时间上都具备执行的可行性，从而为项目的顺利实施奠定坚实的基础。

作为项目的最终接受者，客户的满意度直接关系到项目是否成功。因此，第二个需要对范围计划进行审核的角色是客户。客户审核的核心在于确保项目能否按时、按质完成，并且最终交付的成果是否满足要求。具体来说，客户在审核范围计划时，关注的重点不仅是交付成果的功能和质量标准，还包括交付时间，以及这些成果能否符合其商业需求和战略目标。客户希望通过审核确保项目能够按预定目标执行，确保成果的每个方面都符合他们的期望和要求。这就要求项目经理在范围计划中，准确明确交付成果的具体内容、质量标准以及时间节点，同时还要保证项目在执行过程中没有偏离客户的需求，避免出现后期修正或调整的情况。此外，客户在审核时，还会关注项目的执行是否能够实现其商业目标和战略意图。这种审核过程不仅有助于确保项目成果符合预期，还能为项目的成功交付提供保障。

项目发起人处于团队成员和客户之间，起到平衡的作用。在项目审核过程中，团队成员与客户由于立场不同、看待问题的角度不同，因此，他们之间可能会出现冲突。团队成员往往关注项目的可行性和成本控制，倾向于确保项目能够在既定预算和资源范围内顺利执行；而客户则更关注项目的必要性、项目成果的质量和最终交付的符合度，期望项目能够满足其预期的价值和需求。当团队成员和客户的观点出现不一致的情况时，就需要项目发起人从中起到平衡和调节的作用。项目发起人需要全盘考虑项目的整体效益与风险，要在审核范围计划时权衡各方的利益与需求，确保项目能够顺利执行，达到预定目标。具体来说，项目发起人最关键的是需要在团队成员和客户的不同考虑角度中找到平衡点，确保项目在成本、进度和质量等方面都能够满足各方的要求，同时避免出现项目资源的浪费或超出客户期望的风险。

明确好谁来审核这个问题后，下一步需要解决"如何进行范围计划审核"这一问题。为了确保范围计划的全面性和准确性，项目经理可以采用阶段性评审的方法进行范围计划的审核。阶段性评审是一种分阶段逐步确认项目各部分内容的方法，它通过在每个项目阶段结束时进行审核，确保项目按照既定的目标和方向推进，并及时发现问题并加以调整。具体来说，阶段性评审通常包括以下几个步骤：

阶段目标确认是阶段性评审的第一步，目的是确保项目进展与预定目标相符。在这一过程中，项目经理首先需要回顾项目的初步计划，逐步检查各个阶段是否达成了既定的里程碑和目标。项目经理应确认每项任务的完成情况，是否按时交付并符合质量标准。除此之外，项目经理还需要进行目标偏差分析，评估项目进度、预算或质量是否与计划有所偏离。通过目标确认，项目经理能够确保项目的方向不偏离预定轨道，及时识别潜在的风险和挑战，为后续的调整和优化提供依据。

问题识别与解决是阶段性评审的第二步，也是极为关键的步骤，它旨在发现项目中的潜在问题并采取有效措施加以解决。在这一阶段，项目经理需要通过与团队成员的沟通、检查项目文档以及分析进度报告等方式，识别项目中存在的技术难题、资源瓶颈、预算超支等问题。识别问题后，项目经理需要分析问题的根本原因，判断是项目计划中的缺陷，还是外部因素的影响。基于这些分析，项目经理将提出可行的解决方案，包括调整进度、重新分配资源、优化流程等手段，确保问题能够及时解决，避免其影响项目的整体进度和质量。

在问题识别与解决之后，项目经理应进行项目调整与优化，以确保项目能够高效执行并达到目标。具体来说，项目经理需要重新安排任务和资源，确保任务之间的优先级得到合理排序，避免资源浪费和工作进度滞后。同时，项目经理还需优化资源配置，例如，如果某些任务存在资源短缺问题，可能需要通过增加人员或外部供应商的支持来解决。预算和成本方面也可能需要进行调整，如果项目成本超支，项目经理需要分析原因并提出压缩成本的方案。通过这些调整与优化，项目经理能够保持项目在可控范围内顺利推进，并及时应对突发情况。

阶段性评审还需要充分考虑干系人的反馈，因为项目的最终成果往往与干系人的期望密切相关。在这一过程中，项目经理需要定期向客户、项目发起人及其他相关方汇报项目进展，并主动收集他们的反馈意见。这些反馈可能包括对项目进度、质量或其他方面的建议或担忧。项目经理需要仔细听取干系人的意见，评估他们的需求是否发生变化，并及时调整项目计划。例如，客户可能提出新的需求，或者项目发起人可能调整项目的优先级和预算。通过及时调整，项目经理能够确保项目不仅符合预定目标，还能灵活应对外部和内部的变化，确保干系人的期望得到满足。

阶段性评审的最后一步是文档化和归档，确保评审结果和决策有据可查，且为项目后期的总结与审计提供依据。在这个过程中，项目经理需要将评审过程中的所有关键数据、决策和解决方案进行详细记录。这些记录包括阶段目标的完成情况、识别到的问题及其解决方案、调整和优化的措施、干系人反馈以及相应的调整内容等。这些文档将成为项目管理的宝贵资源，方便项目团队在后续阶段回顾和参考，也为项目管理过程的透明度和审计提供支持。同时，这些文档能够为未来类似项目的实施提供经验和教训，进一步提升项目管理的成熟度。

通过以上步骤，便完成了范围计划审核的全过程。在范围计划审核过程中，需格外注意各方沟通的及时性与有效性。团队成员、客户和项目发起人之间应保持信息的畅通，避免因沟通不畅导致理解偏差，影响审核的准确性。同时，要以客观、严谨的态度对待审核中发现的问题，不回避、不轻视，深入分析问题根源，确保提出的解决方案切实可行。此外，对于审核依据和标准，必须保持前后一致且清晰明确，防止因标准模糊产生审核争议，延误项目进度。只有做到这些，才能确保项目顺利启动，避免后续可能出现的范围蔓延和资源浪费，有力推动项目目标和预期成果的实现。

2.1.4 范围变更的控制

范围变更的控制是国际项目管理中的一项关键任务，旨在确保项目在实施过程中能够有效地应对和管理范围的变化。范围变更指的是在项目执行过程中，原本确定的项目范围、目标、可交付成果或工作内容发生了变化或增加的情况。项目的初期通常会对项目的范围进行定义和规划，但随着项目的推进，可能会遇到不可预见的变化，如客户需求的调整、技术挑战的出现或市场环境的变化等。此时，项目经理需要对范围变更进行严格的控制和管理，以避免不必要的范围蔓延，确保项目的顺利推进。

项目范围的变更往往会产生连锁反应，影响项目的多个方面，尤其是时间、成本、质量和资源等要素。例如，增加新的功能或修改原有的交付成果可能需要额外的开发资源和时间，从而导致项目的工期延长并增加成本。此外，频繁的范围变更可能导致项目质量的下降，因为团队可能无法在规定的时间内完成所有的任务，或者在短期内匆忙完成任务，降低了工作的质量标准。范围变更还可能影响采购供应，尤其是在项目依赖外部供应商时，变更可能需要重新谈判合同或调整供应链安排。因此，项目经理需要在每次变更申请时，深入分析变更对项目的全面影响，以作出合理的决策。

在项目执行过程中，最常见的范围变更原因通常来源于客户需求的变化。项目初期，客户可能基于已有的信息作出决策，但随着项目的推进，市场环境的变化或技术的进步，客户的需求和期望可能发生改变。这种变化可能导致原定的项目范围需要作出相应调整，才能满足客户的更新需求。虽然范围变更是不可避免的，但项目经理应尽量避免频繁变更，以减少对项目进度和成本的影响。

若项目中出现范围变更，项目经理必须按照一套清晰的流程进行管理。首先，任何范围变更都需要通过正式的变更申请进行提出。变更申请应明确列出变更的具体内容、变更的原因及其可能带来的影响。变更申请的文档化能够确保每一次变更都有据可查，为后续的决策提供充分的依据，并确保项目团队和干系人对变更的背景和目的有清晰的了解。

接下来，项目经理需要对变更的影响进行详细分析。分析过程中，项目经理需要评估变更对项目各方面的影响，尤其是成本、时间、资源和质量。例如，变更可能导致额外的开发工作，进而增加项目的成本；或者，变更可能需要重新安排团队的工作计划，从而延长项目的完成时间。此外，变更还可能对质量产生影响，增加新的需求可能需要提高质量标准，或可能导致某些现有标准的妥协。项目经理还需要评估变更对资源的影响，考虑是否需要额外的人力、设备或其他资源来完成新的工作内容。通过这一步骤，项目经理可以全面了解变更的可能后果，从而为决策提供可靠的依据。

在完成变更的影响分析后，项目经理还需要制定应对策略。应对策略包括如何调整项目的时间表、资源分配和预算安排，以应对变更带来的负面影响。例如，若变更增加了项目的成本，项目经理可能需要重新分配预算，或与客户沟通，争取额外的资金支持；若变更导致项目工期延长，项目经理则需要重新安排项目的里程碑，并与团队成员沟通，确保他们理解新的时间要求。此外，项目经理还需考虑如何通过优化现有资源、精简某些任务或调整工作流程来降低变更带来的负面影响，确保项目能够按时、按质交付。

最终，经过变更申请、影响分析和应对策略的制定后，项目经理需要作出决策，决定是否批准变更。若变更对项目的整体目标有积极的影响，并且能够在可控范围内实施，项目经理可以批准变更，调整项目计划，进行资源配置和时间安排；如果变更可能导致项目失控，增加过多的成本或风险，项目经理应当拒绝变更，并向客户和干系人解释拒绝的原因。这个决策过程不仅需要项目经理的经验和判断力，还需要与项目发起人、客户及其他关键干系人进行充分沟通，确保变更决定得到广泛的支持和理解。

通过有效的范围变更控制，项目经理能够确保项目在面对需求变化时，能够快速反应并作出适当的调整，而不会导致项目目标的偏离。虽然变更是项目管理中不可避免的一部分，但通过规范的变更控制流程，项目经理能够最大限度地降低范围变更对项目的负面影响，确保项目按时、按质、按预算完成，从而实现项目的成功交付。

2.2 项目范围管理的重要性

项目范围管理对于项目的成功至关重要，它不仅直接影响项目的进度、成本和质量，还关乎客户的满意度和团队的工作效率。在项目管理过程中，明确并控制项目范围的每一个细节，可以帮助项目经理有效地掌控项目的执行过程，减少风险，并确保项目按时按质交付。接下来，本节将具体探讨项目范围管理如何在实践中发挥作用，以确保项目的顺利推进。

2.2.1　项目范围管理能够有效避免范围蔓延

范围蔓延是指在项目执行过程中，项目范围无序地扩展，增加了额外的工作，甚至有时这些新增任务并未经过充分的规划或没有明确的预算支持。没有良好的范围控制的项目，尤其是在客户需求频繁变化或沟通不畅的情况下，很容易陷入这种困境。如果没有有效的范围控制，项目会不断偏离最初的目标，导致任务和责任逐渐模糊，最终造成进度拖延、预算超支以及资源分配不均。为了避免这种情况，项目经理必须在项目初期明确项目范围，并对所有范围变更进行严格审批和控制。通过设置严格的变更管理流程，项目经理能够确保任何变更都经过充分评估，且有明确的预算和时间支持。这样，项目团队可以专注于实现预定目标，减少因临时新增任务而产生的进度延误和资源浪费，从而使项目能够按照计划顺利进行。

2.2.2　项目范围管理有助于提高资源使用效率

项目资源（包括人力、物力和时间）通常是有限的，因此如何高效分配和使用这些资源对项目的成功至关重要。通过对项目范围的明确界定，项目经理能够确保所有资源都专注于核心任务和优先级最高的工作。明确的范围能够帮助项目经理合理调配团队成员的工作量，确保每个成员的职责和任务明确，不会出现资源重复或浪费的情况。举例来说，如果项目的范围已经确定，那么每个团队成员就能根据自身的技能和工作量来承担合适的任务，避免过度或不足的资源分配，减少因人员或设备不足而导致的瓶颈。此外，项目范围的明确还能够帮助项目经理合理安排项目进度，确保项目在预算和时间限制内高效推进。通过高效的资源使用，项目能够减少资源浪费，确保团队专注于优先任务，从而提高整体的执行效率。

2.2.3　项目范围管理能够增强客户满意度

客户的期望是项目成功的关键，而这些期望通常体现在项目的最终交付成果上。通过对项目范围的精确定义，项目经理能够确保客户的需求和期望得到准确理解和实施，从而提升客户的满意度。首先，范围管理能够确保项目团队专注于客户明确提出的需求，减少由于需求不明确、沟通不畅或误解而导致的工作偏差。每个交付成果的功能、质量标准和交付时间等都将在范围计划中得到明确，确保项目实施过程中的每一项工作都围绕客户需求展开。其次，在项目执行过程中，项目经理可以定期与客户进行沟通，反馈项目进展，并根据客户的意见调整工作方向。通过这样的透明度和反馈机制，客户的期望与项目实施之间的差距会大大缩小。因此，通过精准的范围管理，不但可以有效提高客户的满意度，而且能增强客户对项目团队的信任，为未来的合作奠定更加坚实的基础。

2.2.4 项目范围管理还能够降低项目风险

首先，它能够降低范围失控的风险。在项目执行过程中，若没有明确的范围定义和严格的控制，项目可能会不断地增加额外任务，导致范围蔓延。范围失控不仅会增加项目的复杂度，还会使得项目目标变得模糊，导致最终交付的结果与客户需求不符。通过明确的范围定义和对范围变更的严格管理，项目经理能够有效避免项目范围的扩张，确保所有任务都在可控范围内执行，从而降低范围失控带来的风险。其次，项目范围管理能够降低遗漏关键任务的风险。在项目开始时，如果项目范围没有明确规定，可能会遗漏一些关键的工作任务，这将导致项目进度延误和资源浪费。通过对项目范围的精确管理，项目经理能够确保所有任务和工作都被考虑在内，并且分配到合适的资源和时间，从而避免遗漏关键任务的情况发生。这种预防措施能够确保项目按时按质完成，降低了由于遗漏重要任务导致的项目失败风险。此外，项目范围管理还能够降低资源冲突的风险。项目资源是有限的，包括人力、资金、设备等。如果项目范围不明确，资源可能会在多个任务之间重复分配或不均衡使用，导致资源的浪费或不足。这不仅增加了项目的成本，还可能导致项目执行过程中的停滞。明确的项目范围使得资源可以更合理地分配，确保团队成员和其他资源能够专注于项目的核心任务，避免了由于资源配置不当而带来的风险。

项目范围管理在确保项目顺利执行、按时交付和满足客户需求方面扮演着至关重要的角色。通过有效的范围管理，项目经理不仅能够避免不必要的风险和成本，提升资源利用率，还能够增强客户的信任，确保项目的成功交付。因此，项目范围管理的实施不仅是项目管理中的核心任务，也是项目成功的关键所在。

2.3 项目范围管理在国际项目中的特殊性

与国内项目不同，国际项目通常涉及不同国家和地区的利益方，各方需求的不同、法律要求的差异以及工作模式的不同，都可能对项目范围的定义和管理产生重要影响。因此，项目经理需要特别关注这些特殊性，并通过有效的措施确保项目能够在这些复杂的环境中顺利推进。接下来，本节将详细探讨国际项目范围管理的特殊性，重点分析文化差异、法律法规以及跨时区与远程团队协作带来的挑战和应对策略。

2.3.1 文化差异是导致国际项目范围管理复杂性增加的原因之一

不同文化对项目需求的理解、表达和期望有显著的差异，这种差异在范围定义和需求确认时尤为突出。例如，在一些国家的文化中，客户可能习惯于用模糊的语言表述需求，而在其他国家的文化中，需求则可能非常详细和精确。这种差异可能导致项目团队对客户需求的理解不一致，进而影响项目的范围定义，甚至导致项目实施过程中出现偏差。因此，项目经理必须特别注意文化差异，确保项目需求能够被准确理解并且得到正确实施。为了解决由于文化差异带来的困难，项目经理可以采取多种措施，例如：定期与客户进行面对面的沟通，确保需求的准确传递；利用当地语言或双语翻译来消除语言障碍；并鼓励团队成员学习和了解客户所在文化的背景和工作方式。通过这些措施，项目经理可以更好地理解和满足客户需求，减少由于文化差异带来的误解和执行偏差，从而确保项目范围的明确和准确。

2.3.2 法律与法规的差异也是国际项目范围管理中的一项重大挑战

不同国家的法律体系和行业标准可能存在显著差异，这对项目范围的定义和实施产生深远影响。例如，某些国家可能对数据隐私保护有严格的法律要求，而另一些国家可能对环境保护、劳动法等方面有不同的规定。因此，项目经理在定义项目范围时，必须充分了解并考虑各国的法律要求，以确保项目的顺利进行。在实际操作中，项目经理应当与法律顾问、合规专家以及当地团队密切合作，确保所有法律要求在项目范围中得到体现，并作出适当的调整。例如，在涉及跨国数据交换的项目中，项目经理需要确保数据处理符合各国的数据保护法律；在涉及人力资源管理的项目中，需要考虑到不同国家的劳动法规定。此外，项目经理还应确保所有相关方了解并遵循当地的法律法规，这不仅有助于避免法律风险，还能够确保项目的合规性。通过这样的法律合规性管理，项目经理能够降低项目因违反法律而导致的风险，确保项目顺利按计划推进。

2.3.3　跨时区与远程团队协作也是国际项目中常见的挑战

在全球化的背景下，团队成员通常分布在不同的时区和地理位置，导致沟通与协作变得更加复杂。时差和语言差异可能会导致信息传递的延迟，影响项目的进展和协调。如果项目经理不能有效管理这一问题，可能会导致项目范围确认不及时，工作进度滞后，甚至引发误解和沟通障碍。为了有效应对这一挑战，项目经理需要采取灵活的沟通方式和策略，确保信息流畅无误。例如，项目经理可以利用项目管理软件，确保所有的项目数据、任务和进度都能实时共享，避免因时差导致的沟通滞后。此外，项目经理还需要通过合理安排会议和沟通时间，确保所有团队成员能够参与关键讨论，避免遗漏重要的信息和决策。为了减少信息误解，项目经理可以采用书面形式明确每一个决策和任务要求，确保团队成员对工作内容和进度有清晰的了解。在这种跨时区、远程协作的环境中，项目经理通过加强沟通的频率、明确沟通内容和提高信息透明度，可以有效减少由于时差和沟通不畅而带来的项目管理风险，确保项目范围管理的顺利进行。

只有深刻认识并解决国际项目中的这些特殊性和复杂性，项目经理才能真正做好范围管理，确保项目成果的顺利实现。国际项目的复杂性要求项目经理不仅要应对文化差异、法律法规的多样性和跨时区沟通的挑战，还要在这些因素的影响下灵活调整范围管理策略。项目经理需要通过合理的范围定义、有效的沟通和合规的管理方式，确保各方的需求得到协调，避免冲突和误解，从而保证项目能在复杂的国际环境中顺利推进。最终，只有通过精准管理项目范围，才能保证项目按时交付，达到预期目标，满足客户的期望，并实现项目的最终成功。

3　国际项目时间管理

在经济全球化浪潮下，国际项目日益增多。但国际项目常常面临着时区差异、文化碰撞和外部环境不确定性等难题，这导致国际项目的进度时常很难把控。有效的国际项目时间管理既能协调全球团队、应对风险，又能优化资源配置，保障项目按时、高质量完成。本章将深入剖析国际项目时间管理的方法、重要性及复杂性，为项目管理者提供实用指导。

3.1　国际项目时间管理的方法

在项目的所有资源中，时间无疑是最为重要且最为有限的资源之一。时间的稀缺性决定了它在项目中的特殊地位，不同于人力、物资等资源可以在一定条件下调整和补充，时间一旦流逝便无法挽回，会直接影响项目的进度，甚至项目质量和成本。时间不仅是一个固定的维度，而且具有独特的特点：一方面，它是不可控制的，无法通过加班或者增加资源来延长；另一方面，时间的流逝具有连续性，任何延误都会影响到后续任务和项目的整体进展[3]。从时间所具备的这些特性不难看出，在国际项目推进过程中，有效的时间管理发挥着举足轻重的作用，它是保障项目各环节有序衔接、按时交付的关键要素。

然而，做好国际项目时间管理是一项极具挑战性的任务。一方面，国际项目的时间安排通常受到外部环境、资源可用性和团队协作等多方面因素的影响，这使得国际项目时间的控制变得复杂。特别是在跨国或多区域的项目中，由于涉及不同的时区、工作文化和法规等因素，时间的管理难度更大。另一方面，项目的进度通常是由多个互相依赖的活动组成，任何一个环节的延误都可能导致整个项目的延期。因此，项目时间管理不仅要求项目经理具备严谨的计划能力，还需要具备应对突发事件和变化的灵活性。

鉴于时间管理的挑战，项目经理必须采取科学的方法来规划和控制时间，确保项目能够按期完成。接下来，本节将详细介绍项目时间管理的具体步骤，从定义项目活动到进行进度控制、风险管理等方面，逐步展开，帮助项目经理实现精确的时间规划与控制，确保项目顺利完成。

①进行国际项目时间管理的第一步，是需要明确项目的具体活动。这是国际项目时间管理的基础。明确项目活动意味着要清楚地界定项目中所有需要执行的任务和工作，确保每项活动都得到充分的理解与描述[4]。这不仅包括活动本身的内容、目标、和期望成果，还涉及活动的完成标准、所需资源、负责人以及与其他活动的关系。以建造迪拜哈利法塔项目为例，该项目由于项目规模巨大且涉及美国SOM建筑事务所、韩国三星建设、阿联酋当地团队等多国参与方，而各团队间存在着时区差异、工作文化差异以及技术标准差异，这就使得该项目的时间管理难度大大增加。为帮助不同国家的团队建立统一的工作标准和时间节点，明确项目活动就显得尤为重要。项目团队需要细致规划和协调包括创新的Y字形平面设计、超深地基施工、新型高强度混凝土浇筑、球形曲面幕墙安装、世界最高速电梯系统集成等众多关键环节。每个环节都必须进行详细的规划，明确任务的执行顺序和相互依赖关系，以确保各个部分协调一致，避免遗漏任何关键步骤。

定义项目活动的过程要求项目经理与团队成员密切合作，确保所有项目活动都得到清晰的定义，并且每项活动的目标、范围和预期结果都能准确描述。这就要求，项目经理不仅需要与团队讨论每项活动的细节，还需要与各地的利益相关者进行沟通，确保活动的描述符合各方的要求与期望。对于国际项目而言，特别是涉及多个国家和地区时，这一过程面临许多挑战。最常见的挑战是，不同国家或不同地区可能存在不同的工作方式、文化背景以及沟通习惯，这就可能导致项目活动定义的不一致，甚至产生误解。因此，项目经理需要灵活应对这些文化差异，确保活动定义在全球范围内具有一致性和可操作性。在国际项目中，另一大挑战是，活动的定义不仅仅局限于内部工作任务的划分，还需要考虑到跨文化和跨地域的合作需求。例如，在Windows95操作系统开发项目中，微软需要协调来自美国总部、印度班加罗尔研发中心、日本本地化团队等多个国家的开发力量。该项目涉及核心系统开发、图形用户界面设计、多语言本地化、兼容性测试等复杂任务，这些任务分布在不同国家的团队之间。为了确保项目的成功交付，项目管理团队需要克服12～13h的时差挑战，建立了"跟随太阳"的工作模式，当美国团队下班时，亚洲团队接力工作，从而实现持续的开发和测试流程。同时，还需要处理不同区域的技术标准差异、本地化需求差异等诸多挑战，这就要求项目管理团队在定义活动时必须充分考虑各种跨文化因素。

此外，定义项目活动的过程中，项目经理还需考虑活动的可行性和现实性，并评估每个活动是否能够在规定的时间和资源内完成。这不仅需要依靠经验和专家意见，还可能需要通过模拟或预演的方式，提前识别潜在的问题和障碍。对于国际项目来说，这一过程更为复杂，因为项目活动的执行可能受到各国法律法规、政治环境以及社会文化的影响。因此，项目经理必须深入了解各地的相关要求，并提前做好应对策略。

②定义好项目活动后，进行活动排序。通过分析活动之间的依赖关系，合理安排活动的顺序，可以确保项目顺利进行。活动排序的目的是将所有活动按时间顺序进行安排，确保项目的每个阶段能够无缝对接，避免重复和浪费时间。在排序过程中，项目经理需要深入理解每项活动的性质，并根据活动之间的相互关系，合理安排它们的先后次序。活动排序不仅仅是一个时间安排的过程，它还涉及对任务之间依赖关系的深入分析，确保每个任务都能在合适的时间节点开始，并在预定的时间内完成。某些项目活动可能会相互依赖，这意味着一个任务的完成是另一个任务开始的前提条件。例如，在建设项目中，设计工作必须先完成，才能进行后续的施工工作。而设计过程本身可能受到政府审批或外部因素的影响，因此这些活动的顺序和时间安排需要特别注意。

活动排序过程中，还需要考虑哪些任务可以并行执行，哪些任务必须按照先后顺序完成。合理的并行任务安排不仅能节省时间，还能提高项目的整体效率。在某些项目中，多个任务可以同时进行，从而缩短整体工期。例如，在跨国建筑项目中，设计工作完成后，设计评审、材料采购和施工准备等活动可以在不同的团队或国家之间并行进行。而施工本身则只能在设计完成且审批通过后才能开始。通过合理安排并行任务，项目经理能够在确保每项活动按顺序完成的同时，最大化地提高项目进度。然而，某些活动的顺序是固定的，必须按照特定的步骤依次完成。例如，某些项目活动可能受到外部因素（如跨国供应链、政府审批等）的影响，需要根据这些外部条件进行时间安排。若一个项目活动的完成依赖于外部的审批或资源的到位，项目经理需要在活动排序时充分考虑这些外部限制因素，确保时间安排不受阻碍。

此外，活动排序还需要考虑到各国和地区的不同工作文化与法律法规，确保活动的合理衔接和顺畅执行。例如，某些国家的假期规定、工作时间和节假日安排可能与其他国家不同，项目经理需要在排序时充分考虑这些因素，以避免因时间差异导致工作停滞。在跨国项目中，团队成员可能分布在不同的时区，项目经理需要合理安排任务执行时间，避免由于时差问题造成的沟通障碍和进度延误。各地的法律法规、环境规定以及行业标准也可能对某些活动的执行产生影响，项目经理必须确保活动排序时能够遵循各地的法律和规范，避免因合规性问题而影响项目进度。

③下一步是估算活动资源以及持续时间。在这一步，项目经理需要对每项活动所需的资源进行详细估算。这包括对人力、设备、技术支持、原材料等的需求评估。每个项目活动都有其特定的资源需求，这些资源的准备和调配直接影响项目的进度和质量。例如，一个建筑项目可能需要大量的施工设备、建筑材料，以及特定的技术人员，而一个软件开发项目则可能需要特定的软件工具、开发人员和测试人员。准确估算这些资源，不仅可以确保项目按时启动，还能避免在项目过程中由于资源短缺导致的延误。因此，项目经理必须详细梳理每个活动所需的资源，并确保这些资源能够按时到位。

在国际项目中，资源的估算尤为复杂且具有挑战性。这是因为资源的获取往往受到地区差异、供应链复杂性以及法律环境的影响。例如，一些国家可能存在特定的供应链问题或物料进口限制，某些技术和设备可能需要更长的审批周期，而某些地区的劳动力市场也可能对特定技能的人员供应产生影响。项目经理需要综合考虑这些因素，在不同地区和国家之间协调资源的调配和获取，以避免因资源供应问题造成项目延期。例如，在一个跨国基础设施项目中，某些地区可能由于政治环境的不稳定或法律法规的限制，导致所需的建筑材料或设备无法按时到位。为了解决这些问题，项目经理应当与当地供应商、物流公司及政府部门保持紧密联系，提前了解各地资源的供应情况，并根据实际情况调整项目进度安排。

除了资源需求的评估，活动持续时间的预测也是至关重要的。准确的时间预测不仅有助于确定项目完成的总体时间框架，还能为资源的调配和各项活动的安排提供重要依据。时间的预测通常需要结合多个因素，包括历史数据、专家意见、模拟分析等。例如，历史数据可以为项目经理提供类似项目活动的时间参考，帮助预估每项活动的实际持续时间。而专家意见则能够结合经验和专业知识，对某些复杂活动的时间需求进行合理估算。此外，项目经理还可以使用模拟方法，如蒙特卡罗模拟或其他风险分析工具，对项目各活动的持续时间进行多次预测，以更全面地评估可能的时间变动。

总之，估算活动资源和持续时间的过程是一个多方面、综合考虑的过程，需要项目经理在充分了解每项活动的需求和复杂性的基础上，制订合理、可行的资源和时间计划。通过详细的资源和时间估算，项目经理能够有效规避资源短缺或时间延误带来的风险，确保项目能够顺利按时完成。

④在以上活动定义和资源估算的基础上，接下来的步骤是制订详细的进度计划。这也是国际项目时间管理最为关键的一步。制订进度计划的目的是确保项目能够在规定的时间内完成，并充分利用可用资源。在这一步，项目经理需要将之前估算的活动持续时间、资源需求以及活动之间的依赖关系结合起来，形成一个整体的时间框架。制订进度计划不仅仅是将各项活动按顺序排列，更重要的是要考虑到资源的限制和活动的优先级，从而确保每个活动都能够按时启动和完成。

具体来说，制订进度计划时，项目经理首先需要了解各个活动之间的关系，特别是哪些活动是必须按照特定顺序进行的，哪些活动可以并行执行。例如，在一个国际建筑项目中，某些活动如土地勘测和设计工作必须在先，而其他任务如建筑材料的采购和施工则可以在这些活动进行的同时启动。在这种情况下，项目经理需要在进度计划中精确反映这些依赖关系，确保没有活动被遗漏或错误安排。此外，进度计划还需要考虑到外部因素，如跨国供应链的延误、政府审批流程、文化差异等，这些因素可能会影响活动的起止时间和顺序，因此，项目经理应确保这些因素被充分考虑，以避免项目进度受到外部不可控因素的影响。

为了制订更加清晰和可操作的进度计划，工具如甘特图和关键路径法（CPM）被广泛应用于进度计划的制订中。甘特图是一种直观的时间轴图表，通过横轴表示时间，纵轴列出项目中的各个活动，可以清晰地展示各个活动的起止时间、活动之间的时间间隔以及相互依赖关系。使用甘特图，项目经理可以快速了解项目的整体进度，以及每个活动在时间上的分布情况。特别是在国际项目中，涉及多个国家和地区的工作内容时，甘特图能够帮助项目经理掌握各个地区任务的进度，从而确保全球各地的活动能够协同推进。

关键路径法（CPM）是一种更加精细的进度计划工具，它通过识别项目中的关键路径来帮助项目经理找到最重要的活动序列。关键路径是指那些对项目完成时间有直接影响的活动链条，任何关键路径上的任务延误都将导致整个项目的延期。因此，关键路径法的核心在于通过分析各个活动的依赖关系，识别出哪些任务是关键任务，并确保这些任务能够按时完成。对于国际项目而言，关键路径法尤其重要，因为不同地区的任务可能受限于不同的资源、时间和法规要求，项目经理需要重点关注那些跨地区协调的关键任务，确保其不出现任何延误。

在进度计划的制订过程中，项目经理还应考虑到潜在的风险和不确定性。例如，跨国项目往往会遇到不可预测的事件，如自然灾害、政治动荡或经济变动等，这些都可能影响项目进度。因此，在制订进度计划时，项目经理需要为这些风险预留一定的缓冲时间，并通过风险评估工具对潜在的延误进行预测，以确保项目在遇到意外情况时能够灵活调整。

⑤进度计划制订完成后，为确保项目能按照制订的进度计划进行，还需要进行进度控制。在项目执行过程中，进度控制是确保项目按时完成的关键环节。进度控制的核心在于实时监控实际进度，并与原定的进度计划进行对比，及时发现项目中可能出现的偏差。由于项目的执行环境常常充满不确定性，项目经理需要持续跟踪进度，灵活应对各种变化，确保项目能够顺利推进，最终按时完成。

进度控制通常需要借助各种项目管理工具，以便在项目执行过程中及时发现问题并采取相应的纠正措施。进度跟踪软件是其中最常用的工具之一，它能够提供实时的项目状态更新，使项目经理可以随时查看各项任务的完成情况，并与原计划进行对比。这类软件通常会自动生成进度报表，帮助项目经理快速识别哪些任务滞后，哪些任务按时完成，哪些任务可能导致延误。通过这些进度报告，项目经理能够及时发现项目进展中的偏差，并深入分析每项活动的执行情况，找出潜在的瓶颈。例如，当某个活动进度出现滞后时，项目经理可以快速看到任务的具体执行情况，了解是因为资源不足、人员短缺，还是由于其他外部因素造成的延误，从而迅速采取补救措施，避免项目进一步延期。

除了进度跟踪软件，项目管理仪表板是另一个至关重要的工具。它通过直观的可视化界面展示项目整体进度以及各个活动的执行状态，使项目经理能够一目了然地掌握项目的实时状况。仪表板将项目的进度、资源分配、任务优先级等信息以图表、进度条等形式呈现，帮助项目经理快速发现问题并作出决策。举例来说，项目经理可以通过仪表板中的甘特图查看项目的时间安排，或通过柱状图查看每个活动的资源使用情况。这种可视化的呈现方式大大提高了进度控制的效率，使得即便是复杂的项目，项目经理也能迅速作出必要的调整。如果某项活动出现偏差，仪表板会立即发出警报，提醒项目经理注意，帮助他们更及时地采取措施进行调整。通过仪表板的综合视图，项目经理不仅能够监控任务进度，还能跟踪项目的整体健康状态，如预算控制、资源利用等关键指标。

这些管理工具不仅提高了进度控制的效率，也增强了项目经理对进度管理的掌控能力。通过进度跟踪软件和项目管理仪表板的结合使用，项目经理能够更加精准地把控项目的执行过程，及时发现项目中的问题或潜在风险。

当项目经理发现项目的实际进展与原定计划出现偏差时，需要迅速分析原因，找出导致延误的根本因素。这些原因可能是多方面的，例如资源短缺、团队协作问题、外部因素的干扰（如供应链问题或审批延迟）等。项目经理需要根据实际情况判断这些因素的影响范围，并根据项目的实际需求，采取灵活的应对措施。如果偏差较大，可能需要调整项目的整体进度，重新分配资源，甚至对项目的目标进行调整。例如，在一个国际项目中，如果由于供应链问题，某个国家的原材料交货延迟，导致项目的某一阶段无法按时启动，项目经理必须迅速采取措施。这可能包括寻找备用供应商、调整项目的其他阶段顺序、增加团队成员的工作时间或加强沟通以加快审批流程等。同时，项目经理还应与各相关方保持密切沟通，确保他们了解进度调整的原因及后续措施，避免因信息不对称而产生更大的延误。

由于国际项目涉及多个国家，常常会出现延误或资源调配问题。面对这些问题时，项目经理应及时制订补救计划，以确保项目能够按预定时间顺利完成。补救计划需要针对具体情况量身定制，包括采取加速措施、优化资源配置、调整任务优先级等。项目经理还应考虑到补救计划可能带来的额外成本和风险，并与利益相关者进行充分沟通，确保各方的需求和期望得到平衡。

此外，国际项目的进度控制还需要定期进行审查和调整。项目经理应在项目实施的不同阶段进行进度回顾，评估整体进度和个别活动的执行情况。这种定期的评估不仅有助于及时发现偏差，还能为项目的下一阶段提供有价值的参考信息。在国际项目中，由于跨文化、跨地区的协调难度，定期回顾和调整进度更加重要，它能够帮助项目经理确保各国和地区的工作内容能够顺利衔接，减少由时差、法律法规和文化差异带来的影响。

以上就是国际项目时间管理的全部步骤。在实施这些步骤时，项目经理需要掌握一些技巧，并特别注意若干关键点。接下来，将详细介绍在执行这些步骤时应关注的具体要素和注意事项。

①风险管理是国际项目时间管理中不可忽视的一个环节。由于国际项目通常涉及多方合作，跨国的复杂环境使得项目面临的风险因素更加多样化和不可预测。例如，跨国合作中的文化差异可能导致沟通障碍和决策延误，国际贸易壁垒则可能影响资源的及时供应和物流进程，而全球疫情等突发事件也可能打乱原有的项目进度安排。这些潜在的风险因素可能导致项目的延误、成本增加，甚至项目的彻底失败。因此，项目经理必须高度重视风险管理工作。

在项目初期，项目经理需要对项目的潜在风险进行全面识别和评估。这不仅仅包括识别来自内部的风险因素，如团队协作问题、技术难题、资源短缺等，还需要考虑外部的风险，如政策变化、自然灾害、经济波动以及其他可能影响项目的外部环境因素。在此基础上，项目经理应与团队和相关利益方共同制定相应的风险应对策略，确保能够及时应对任何可能影响项目进度的风险。

制定应对策略时，项目经理可以从多个角度进行考量。例如，对于那些可能导致项目延误的潜在风险，项目经理可以提前制定缓解方案，确保项目在遇到风险时能够平稳过渡，减少时间损失。这些缓解措施可能包括增加缓冲时间、提前进行供应链管理、安排替代方案等。此外，项目经理还应建立应急预案，确保在突发事件发生时，团队能够迅速做出反应并采取有效措施调整项目方向，以确保项目能够及时恢复进度，减少对整体时间表的影响。

通过建立完善的风险管理机制，项目经理不仅能够在项目执行过程中有效规避和控制风险，还能够在面对不可预见的突发情况时，保持项目的灵活性和应变能力。这样的预先规划和准备，能够确保项目能够按照既定目标顺利推进，尽可能减少时间损失，并提升项目在复杂国际环境中的适应能力。

②有效的沟通与协调是确保国际项目顺利推进的必要条件。在国际项目中，沟通往往受到语言障碍、时差问题、文化差异、地理位置等多方面因素的影响。这些挑战可能导致信息传递不畅、误解或延误，从而影响项目的整体进度和质量。因此，项目经理需要高度重视沟通管理，确保各方能够在复杂的环境中保持一致的理解和紧密的合作。

为了克服这些沟通障碍，项目经理需要建立一个清晰、透明的沟通机制。这种机制应明确沟通渠道、沟通频率、信息传递的责任人等内容，以确保项目各方能够实时、准确地获取信息。定期的进度会议是这种机制的核心组成部分，通过定期的会议，团队成员能够及时更新工作进展，讨论遇到的问题，并根据项目需要调整策略和资源安排。由于国际项目往往涉及来自不同国家和地区的项目成员，项目经理在安排定期会议时，需充分考虑各地时差，确保选择一个所有参与者均能方便参加的合适时间。同时，项目经理还需要充分利用各种在线工具和平台，如项目管理软件、即时通信工具、视频会议系统等，确保团队成员无论身处何地都能方便地进行协作与沟通。通过这些工具，团队能够迅速共享文件、讨论方案，甚至进行虚拟讨论，解决地理隔阂带来的困扰。

有效的沟通还包括及时地向团队成员和利益相关者反馈项目进展和任何进度变动。有效的反馈机制能够让所有相关方始终保持对项目状态的清晰认识，避免信息不对称带来的风险。在实际操作中，项目经理应根据不同的利益相关者群体，定制合适的反馈方式和频率。例如，对于项目团队成员，项目经理可以通过日常的简报、工作汇报或会议来传达最新的项目进展，确保每个成员都能及时调整自己的工作计划，避免因为信息滞后导致的工作重复或冲突。而对于外部利益相关者，如客户、投资人或监管机构，项目经理则应根据他们对项目的关注程度，定期提供详细的进度报告，特别是对于关键的里程碑和可能出现的延误，及时进行预警并说明应对措施。

反馈不应该仅局限于项目的正面进展，任何潜在的延误、变更或问题都应及时、透明地传达。项目经理需要确保团队成员和利益相关者对项目中的风险和问题有清晰的认知，避免这些问题在后期积累成为影响项目进度的重大障碍。例如，如果某项任务由于外部原因（如供应链问题、审批延迟等）出现了进度滞后，项目经理应及时告知所有相关方，并提供应对计划。这不仅有助于保持项目透明度，也能让各方参与者做好相应的调整和准备，以减少突发情况对项目的影响。

反馈的内容不应该仅仅是单向的报告，而是能够激发利益相关者的互动和建议。通过定期的反馈，项目经理能够获得更多来自团队成员和其他利益相关者的意见和建议，这些反馈可能有助于发现潜在的问题、优化项目执行策略，甚至在进度计划中进行必要的调整。总之，及时、透明、双向的反馈不但有助于增强项目团队之间的信任，而且能确保项目在不断变化的环境中，依然能够朝着既定目标高效推进。

③在国际项目中，灵活调整时间管理计划至关重要。国际项目执行过程中可能会出现各种不可预见的变更或突发事件，这些事件往往会对原定计划产生

影响。例如，跨国合作中的供应链中断、政策变动、团队成员因疫情或其他不可抗力因素的缺席等，都可能导致项目活动的延误或资源调配困难。面对这些问题，项目经理必须具备灵活应对的能力，能够快速评估情况，并及时调整项目计划，以适应新的需求和变化。

以资源未能按时到位为例，假设项目的某项关键材料因供应链中断而无法按时交付。此时，项目经理应该首先延误对整体进度的影响，确定哪些活动会受到影响，并确定延误的持续时间。如果延误对某些活动的影响较小，项目经理则要调整这些活动的优先级，提前推进其他不受影响的任务，确保项目能够继续进行。同时，项目经理还应该主动联系其他供应商或寻找替代资源，缩短资源获取的时间。如果没有合适的替代方案，项目经理需要调整工作流程，暂时将受影响的活动移至项目的后期，或者将这些活动分阶段进行，最大限度地减少对总体进度的影响。

除了资源问题，其他突发事件如团队成员的缺席（例如，因健康问题无法按时到岗）也需要项目经理的灵活应对。在这种情况下，项目经理首先需要了解缺席成员的任务进度，并评估是否能够通过其他团队成员或外部人员弥补其工作。假如项目关键成员因健康问题无法继续工作，项目经理则要立即调整人员安排，找替代人员接手其职责，或者调整任务的优先级，将非关键任务推迟。

项目经理还应制定应急预案，以应对更多的潜在突发事件。例如，在项目初期，项目经理可以根据经验识别出可能的风险点，并为这些风险点制定应急措施，如供应商更替、技术问题的应急修复等。一旦出现突发事件，能够迅速启动预案，协调各方资源，确保项目的执行不受过多干扰。

灵活性不仅仅体现在计划的调整上，还要求项目团队在应对过程中具备高度的适应能力和应急响应能力。团队成员应当能够快速适应新的工作方式或调整后的任务安排，在变化的环境中依然能够保持高效运作。通过这种灵活性，项目能够在面对不确定性时迅速恢复进展，保证项目目标和时间表的最终实现。

④利用现代技术工具来辅助项目的时间管理，也是提高效率的重要手段。利用现代技术工具来辅助项目的时间管理，是提高效率的重要手段。如今，项目管理软件和其他技术工具，如网络计划技术（PERT）和关键链法（CCM）等，已经成为国际项目管理中不可或缺的一部分。网络计划技术（Program

Evaluation and Review Technique，PERT）是一种图形化的工具，旨在帮助项目经理分析和评估项目活动之间的相互依赖关系及其不确定性。通过绘制活动的网络图，PERT能够为每项活动设定最早开始时间、最晚结束时间、最早结束时间等，计算出每个活动的可能时间范围，进而预测项目的完成时间。这对于处理项目中不可预见的变动尤为重要，因为它可以提供活动完成时间的预估范围，并帮助项目经理作出相应的调整。

关键链法（Critical Chain Method，CCM）则着重于优化项目中的资源利用率，尤其是在资源有限的情况下。与传统的关键路径法（CPM）不同，关键链法不仅关注项目活动之间的时间依赖性，还特别考虑了资源约束的影响。在实施关键链法时，项目经理首先识别出项目中最关键的路径，并基于资源的限制情况，合理安排各项任务的优先级和时间表。关键链法通过引入缓冲区（例如项目缓冲区和进度缓冲区）来应对项目中的不确定性和风险，从而有效地避免了资源过度分配和项目进度延误。

借助这些技术工具，项目经理可以更加科学地规划和调整项目的时间安排，不仅可以提升项目管理的精确性和效率，还能更好地应对项目执行中的复杂性和不确定性。这些方法的结合使用，使得项目经理能够根据实际情况灵活调整，确保项目按预定时间顺利推进。

⑤定期评估与反馈是改进国际项目时间管理的有效途径。在项目的实施过程中，时间管理不仅需要依赖前期的计划和步骤，更需要在执行过程中不断调整和优化。因此，项目经理应定期对项目的时间管理效果进行全面评估，分析时间管理措施的实施情况，识别哪些措施有效，哪些存在不足。这一过程不仅包括对项目进度的监控，还应关注资源配置、活动执行的效率以及团队协作的情况。项目经理可以通过对比实际进度与原计划的差异，发现潜在的问题和瓶颈，进而进行及时的调整。

除此之外，项目经理还应从团队成员处收集反馈，了解他们在执行过程中遇到的困难和挑战，特别是在跨文化环境下，团队成员可能因文化差异或沟通障碍导致理解上的偏差或效率问题。这些反馈能够帮助项目经理更好地理解实际操作中的困难，并为后续的决策提供支持。通过与团队成员的持续对话和沟通，项目经理可以对管理措施进行调整，使其更符合团队的实际需求。

这些定期的评估和反馈，不仅帮助项目团队及时发现问题并进行纠正，还为未来的项目提供了宝贵的经验和数据支持。这些经验可以总结成一套可操作的优化方案，帮助团队在未来的项目中避免类似的问题，提升工作效率，确保项目能够更加顺利地完成。最终，通过持续改进时间管理策略，项目团队可以在多个国际项目中积累宝贵的经验，提升整体的项目管理水平和执行能力，从而确保项目能够按时、高效地完成。

3.2　国际项目时间管理的重要性与复杂性

在国际项目的推进过程中，时间管理是确保项目平稳且高效开展的核心要素。国际项目因涉及多个国家和地区，面临着时区差异、文化多元、政策法规不同等复杂情况，与传统项目相比，其时间管理面临着更多独特的挑战。本章将深入剖析国际项目时间管理在实践中可能遭遇的难点与困境，并针对性地提出一系列行之有效的解决策略，助力项目管理者突破难题，保障项目按时交付。

3.2.1　国际项目时间管理的重要性

由于国际项目通常涉及多个国家和地区，因此，国际项目具有跨文化、跨时区和跨地域的特点。而各个地区的团队成员不仅在工作时间、沟通方式和工作习惯上可能存在差异，项目中的资源调配和供应链管理也可能受制于地域的差异，导致项目进度可能会受到不可预见的影响。基于上述这些特点，国际项目的时间管理尤为重要，有效的国际项目时间管理不仅能够高效协调不同地区团队的工作进度，还可以应对复杂的外部环境变化和突发情况，确保项目按时完成。

具体而言，国际项目时间管理的重要性主要体现在以下几个方面：

①国际项目时间管理能够确保项目中的各团队在全球范围内的协调一致和高效合作。在国际项目中，不同团队之间的协调和合作常常面临诸多挑战。首先，团队成员可能位于不同的国家和地区，且往往分布在多个时区。这样的地理分布使得团队之间的沟通和工作衔接变得更加复杂，尤其是在项目的关键阶段，时差往往导致任务交接和信息传递的延误。此外，不同地区的文化差异、工作习惯以及语言障碍，也可能对团队成员之间的理解和协作造成影响。这些因素综合作用，使得全球范围内的团队在协作时容易出现信息滞后、任务重叠或错位，甚至在某些情况下可能导致工作重复、资源浪费，最终影响项目进度

和质量。

　　因此，在这种情况下，合理的国际项目时间管理尤为重要，它能够有效避免这些潜在的协调问题并促进团队之间的高效合作。通过有效的时间管理，项目经理可以清晰地规划和安排各个团队的工作时间，合理协调各地的工作进度。例如，项目经理可以在不同团队之间设定明确的交接时间，确保每个团队在合适的时间节点接收到前一个团队完成的工作成果，并能够迅速进行下一步的工作。同时，项目经理还可以利用时间管理工具，如项目管理软件，实时跟踪各团队的工作进度，确保每个团队按计划执行任务，并在发现偏差时迅速作出调整。

　　通过有效的时间管理策略，各团队不仅能够按照统一的进度开展工作，还能保证信息和资源的流动不受时间差和地理距离的制约。项目经理可以通过设定适当的时间框架和灵活的进度调整机制，最大限度地提高全球团队之间的协作效率，从而确保项目能够顺利推进，并按时达成既定目标。

　　总而言之，国际项目时间管理能够有效克服因地理差异和文化障碍带来的挑战，通过合理的时间安排和协调机制，确保不同地区和文化背景的团队能够在全球范围内保持同步，顺利开展工作，提升协作效率，确保项目能够高效推进并按时完成。

　　②国际项目时间管理能够有效应对多样化的风险和不确定性，确保项目按时交付。国际项目面临的风险和不确定性往往比其他项目更为复杂，涉及的外部因素也更加多样化。政治变动、市场波动和法律政策的变化等，都可能对项目的执行进度产生重大影响。具体来说，政治变动可能导致项目所在国家的政策调整，进而影响到项目的审批流程、资金调配或资源供应。市场波动则可能使得原本稳定的供应链出现断裂，甚至价格波动也可能改变项目成本预期。此外，不同国家的法律和政策环境也可能会发生突变，这些变化可能影响到项目的合规性或许可，进而影响项目的正常推进。这些外部因素的变化往往是不可预测的，且涉及的范围广泛，单纯依靠调整项目内部资源配置或任务划分，可能无法完全应对。

　　在这种不确定性较大的背景下，国际项目时间管理显得尤为关键。通过制订合理的时间管理计划，项目经理可以在项目的初期阶段就预设适当的缓冲时间，特别是在面临可能的风险时，给项目预留时间应对突发情况。这种时间上的预留空间，使得项目在遭遇外部变动时，不至于立即受到严重影响。比如，假设某个地区因政治变动导致审批流程延迟，合理的时间管理计划可以为这一延误预留缓冲时间，避免项目进度的滞后直接影响整体项目目标的实现。同样，市场波动可能使得原材料供应出现问题，而项目经理在项目时间管理时，通常会为这些潜在的波动预设应急预案和调整时间，确保项目能够在资源短缺的情况下，按计划推进。

此外，国际项目时间管理还可以帮助项目经理在项目执行过程中及时评估进展和风险，以更好地应对国际项目中潜在的不确定性风险。例如，设定阶段性的评估点，及时反馈项目进展和外部环境变化，让项目经理能够根据当前的进度和风险情况，调整后续的时间安排。这种动态的时间管理使得项目能够灵活应对外部环境的变化，而不会因为某一阶段的滞后或变动，导致整个项目的延期或失败。

综上，国际项目时间管理通过灵活的时间安排和动态的风险评估机制，有效地缓解了外部不确定性对项目进度的影响，确保项目能够在多变的全球环境中保持相对稳定的推进。这种系统化的时间管理能够为项目提供充足的调整空间，降低外部因素带来的冲击，从而增加项目按时交付的可能性。

③国际项目时间管理不仅仅是确保项目按时完成的工具，它还直接关系到项目的成本控制和资源优化。在国际项目中，资源的配置和使用往往更为复杂。跨国团队需要协调来自不同地区的人员、设备、资金等资源，并确保这些资源能够根据项目需求高效地分配和使用。由于国际项目的规模大，涉及多个国家和地区，不同的文化背景和工作方式也可能影响到资源的流动和使用效率。假设某个团队的工作进度滞后，可能导致其他团队等待工作成果，造成资源闲置甚至浪费。此外，跨国项目中，物流、运输、设备采购等问题也可能受到不同国家政策、税务、法律等因素的制约，增加项目的成本和时间风险。

在这种情况下，合理的时间管理能够有效避免资源浪费，最大限度提高项目效率。科学合理的时间规划能够确保项目的各个环节紧密衔接，避免因某些环节的拖延而造成其他资源的闲置或浪费。通过精确的进度安排，项目经理可以提前预见项目中可能出现的瓶颈，合理分配工作负荷，确保所有资源都能按照计划高效投入工作中，减少不必要的时间空窗期和成本浪费。例如，若某个团队的工作需要其他团队提供数据或支持，项目经理可以通过时间管理工具提前规划好各个交付节点，确保每个团队在合适的时间接收到所需资源，从而提高协作效率。

时间管理还能够通过灵活的时间调整机制，优化项目的资源使用。当项目遇到不可预见的变化时，时间管理能够提供一定的缓冲时间或调整机制，以避免由于突发问题导致的工作停滞和资源浪费。通过灵活的进度调整，项目经理可以在不影响项目整体进度的前提下，及时调整资源的分配，避免浪费现有资源并提高资源的整体利用效率。

通过科学合理的时间管理和进度监控，项目经理能够确保资源在项目实施过程中始终保持高效的利用，避免时间延误带来的额外成本，同时提升团队协作和项目执行的效率。项目按时完成不仅可以提升客户的满意度，还能增强企业在市场上的竞争力和声誉，进而提高项目的经济效益和长期影响。

综上所述，国际项目时间管理的重要性不可忽视，它不仅是确保全球协调一致的基础，也是减少项目延期风险、控制成本和优化资源的重要手段。项目经理需要在实际操作中充分认识到时间管理的战略意义，制订合理的计划，灵活应对各种挑战，确保项目按时、高质量地完成。

3.2.2　国际项目时间管理的挑战与复杂性

国际项目的时间管理不仅仅是简单的进度安排，在跨国、跨文化和跨时区的环境中，项目时间管理伴随着各种复杂性和挑战。国际项目通常需要协调多个团队，涵盖不同的国家、地区、行业和文化背景，跨地域的工作分配、文化差异、外部环境变化等多重因素，往往使得国际项目的时间管理比其他项目更加复杂、困难。具体来说，国际项目的时间管理有以下几个难点：

①时区差异是国际项目时间管理的一个显著挑战。随着全球化进程的加快，国际项目往往涉及多个时区的团队，这使得协作的时效性和沟通的即时性成为一大难题。例如，如果一个项目团队位于美国东部，另一个团队则位于中国，北京时间比美国东部时间早12h，这样的时差意味着团队之间无法同步工作。这种时差会导致信息传递的滞后，尤其在需要多个团队同时作出决策时，时间差的影响尤为显著。如果各团队不能及时共享进展或反馈意见，整个项目的进度可能会因此受到影响。而且，团队成员可能因为时差问题错过关键会议或重要决策时点，导致错失最佳的执行机会。因此，项目经理在规划时间管理时，必须考虑到团队分布的时区差异，通过合理安排工作时间、优化会议时段、选择合适的沟通工具等措施，确保各团队能够在关键时刻及时响应并协调一致。

②文化差异和语言障碍也是国际项目中时间管理的关键难点之一。不同国家和地区的文化背景和工作习惯常常导致对时间的理解和执行出现差异。例如，西方国家的工作文化通常强调严格的时间观念和高效执行，而一些东方文化则可能更注重人与人之间的关系和灵活性。在一些文化中，工作节奏较慢，决策可能需要更多的时间以考虑各方意见，而其他文化可能倾向于迅速作出决策并严格按照计划执行。这样一来，若项目没有统一的时间管理策略，各团队在执行时容易出现节奏不一致的问题，最终可能影响项目的整体进度。更为复杂的是，语言障碍也可能导致沟通效率低下，信息传递不准确。在跨文化团队合作时，项目经理需要确保时间安排的灵活性，以适应不同文化对时间的看法，同时通过精确的沟通确保各方理解一致。只有在文化差异得到妥善处理的情况下，才能确保团队之间的合作更加顺畅，进而减少由于时间管理不当而带来的协调问题。

③外部因素的变化也大大增加了国际项目时间管理的复杂性。国际项目往往面临更多的不确定性，这些不确定性源于国际市场的波动、政治环境的变化以及各国法律政策的差异。举例来说，某些国家的政策可能突发变化，导致项目的某一阶段被迫推迟，或是团队无法按计划进入某个市场，甚至可能需要在最后一刻调整项目的实施方案。例如，政治动荡可能影响到项目所需的资源供应，市场的波动可能导致价格不稳定，甚至法律法规的突然改变可能对原定的进度计划产生深远影响。如果这些外部因素没有得到及时的预测和应对，项目的整体进度和成果可能遭遇重大障碍。为了应对这些不确定性，项目经理需要通过科学的时间管理来为项目预留一定的缓冲时间，灵活应对不可预见的变化。同时，项目经理还应定期进行风险评估和外部环境的监控，以便在遇到重大变化时及时调整项目进度，确保项目不被外部因素的冲击所拖延。

④多团队、多任务的协调也是国际项目时间管理中的一个重大挑战。国际项目通常涉及多个不同领域的专家、团队和利益相关者，而这些团队不仅在地理上分散，在功能上也有所不同。这种多样性增加了项目进度控制的复杂性。例如，技术团队和市场团队可能在同一项目中各自承担着不同的任务，且它们的工作进度往往具有时间上的先后关系。技术开发的延误可能导致市场推广的时间延迟，从而影响项目的整体交付。为了避免这种情况，项目经理必须精确掌控各团队的工作进度，合理安排各阶段的时间节点，并确保所有团队在同一时间点上执行适当的任务，确保项目按部就班地推进。

综上所述，国际项目的时间管理面临时区差异、文化障碍、外部环境变化和团队协作等多重挑战，这使得国际项目的时间管理比本地项目的时间管理更加复杂。项目经理需要应对这些挑战，制定合理的时间安排和风险应对策略，才能确保项目按时推进、减少潜在风险，并最终完成预期目标。

3.2.3　如何在复杂的国际环境中保持项目的时间进度

在复杂的国际环境中，保持项目的时间进度是一项巨大的挑战。由于国际项目涉及多个国家、地区及文化背景，且通常会受到时区差异、文化差异、政治变化、市场波动等多方面因素的影响，因此项目经理不仅要有高效的时间管理能力，还需要具备敏锐的应变能力。为了确保国际项目按时推进，项目经理必须采用系统化、灵活性强且具有前瞻性的时间管理策略。以下是几种能够有效保持项目时间进度的策略：

①提前规划并为不确定性预留缓冲时间。在国际项目的时间管理中，提前规划是基础，但面对外部环境的不确定性，项目经理必须预留足够的缓冲时间，以应对突发事件。国际项目常常受到政策变动、市场波动等因素的影响，而这些因素往往在项目启动时无法准确预测。因此，项目经理应在制订项目进度计划时，为关键任务和交付节点设置适当的时间缓冲。缓冲时间的设定不仅能应对意外风险，还能在项目执行过程中为调整预留空间。例如，在跨国采购环节，如果项目经理预见到可能会遇到关税调整或物流问题，可以通过预留一周或两周的缓冲期来应对这些不确定的外部因素，从而避免项目的整体进度受到拖延。

②精确的沟通与协调机制。国际项目涉及多个团队和利益相关者，尤其是在不同时区和文化背景下工作的团队间，沟通和协调是影响项目进度的关键因素。为了保证项目的时间进度，项目经理需要建立高效的沟通机制，确保各团队之间的信息传递畅通无阻。首先，项目经理应设定清晰的沟通时效性和沟通方式，例如使用实时通信工具、邮件或项目管理软件，确保信息能够迅速流转。其次，由于时区差异，项目经理应灵活安排跨时区的会议时间，确保全球各地团队的关键人员能参与并及时了解项目的进展。通过定期的项目回顾会议，团队能够及时发现潜在问题并在短时间内进行调整，从而避免由于沟通不畅或信息延误导致的进度偏差。

③跨文化管理与协调。由于国际项目中涉及不同文化背景的团队，文化

差异往往成为影响时间进度的重要因素。在一些文化中，时间观念的严格性较强，而在另一些文化中，工作节奏可能较为宽松，这可能导致对项目进度的不同理解和执行。因此，项目经理需要具备跨文化管理的能力，通过提前了解并尊重各团队的文化特点，确保项目的时间管理能够在不同文化背景下协调一致。例如，在一些文化中，团队可能会倾向于在工作过程中进行频繁的讨论和集体决策，这可能会影响项目的进度；而在其他文化中，决策可能会更为迅速，且注重个人执行力。因此，项目经理应根据团队的文化特点适当调整工作安排，在充分尊重各方文化差异的前提下，确保所有团队能够有效协作，避免因文化冲突导致的时间延误。

④动态进度监控与调整。项目的执行过程中，许多不可预见的因素可能会影响项目进度。因此，项目经理必须时刻进行进度监控，并根据实时情况对时间计划进行调整。项目经理可以通过使用项目管理软件、定期检查项目里程碑以及与各团队保持密切沟通，随时掌握项目的最新状态。如果某个环节出现延误，项目经理应立即评估影响，并采取必要的调整措施。例如，如果一个地区的团队由于本地政策变化导致工作进展缓慢，项目经理可以评估该任务的影响，考虑调整其他团队的工作进度，以确保整体项目进度不受重大影响。灵活的调整机制能够帮助项目应对外部挑战，并确保项目的最终交付不受影响。

⑤风险管理与应急响应机制。在国际项目中，外部风险的影响较大，因此，建立有效的风险管理机制至关重要。项目经理应通过定期的风险评估，识别可能影响项目进度的潜在风险，并制订详细的应急响应计划。例如，政治局势动荡、市场波动或供应链中断等外部风险都可能导致项目进度受阻。项目经理需要通过与相关利益方沟通，提前做好应对预案，制定多种应急方案。一旦发生突发事件，项目经理能够迅速根据预设方案做出响应，减少对项目进度的影响。例如，在供应链出现中断的情况下，项目经理可以通过备用供应商或调整项目时间表的方式来应对，确保项目不被延误。

⑥透明的进度报告和反馈机制。透明的进度报告能够帮助项目团队及时了解项目的最新状态，并识别出任何可能延迟进度的因素。项目经理应定期向各团队和利益相关者提供项目进度报告，确保所有参与方都对项目的当前状态有清晰的了解。此外，项目经理应鼓励团队成员提供反馈，以便及时发现潜在问题和瓶颈。这种透明的进度报告和反馈机制能够帮助项目经理快速调整策略，并确保项目各方面始终保持一致的进度。

　　在复杂的国际环境中，保持项目的时间进度需要项目经理采用灵活而系统的时间管理策略。通过提前规划并预留缓冲时间、建立高效的沟通与协调机制、理解并适应文化差异、实施动态进度监控与调整、建立完善的风险管理和应急响应机制，以及确保透明的进度报告和反馈机制，项目经理可以有效地控制项目的时间进度，确保国际项目能够按时完成并达到预期目标。

4　国际项目成本管理

在经济全球化的时代浪潮下，国际项目已成为企业拓展全球市场、整合资源的重要途径。国际项目成本管理贯穿项目全生命周期，其成效直接关乎项目的成败与企业的经济效益。一方面，成本管理的方法如成本估算、成本预算、成本控制，是保障项目顺利推进的基础；另一方面，国际项目独特的复杂性与重要性，又对成本管理提出了前所未有的挑战。本章将深入剖析这些内容，助力项目管理者提升国际项目成本管理能力，从而确保国际项目的顺利进行。

4.1　国际项目成本管理的方法

国际项目成本管理贯穿国际项目全生命周期，是保障项目成功实施、实现预期收益的关键所在。本节将深入剖析成本估算的多元方法、成本预算的科学分配策略以及成本控制的全流程管理体系，助力项目管理者掌握国际项目成本管理的核心要义，提升项目成本管理能力。

4.1.1　成本估算

成本估算是国际项目成本管理中的核心环节，其核心目标是估计完成整个项目所需的全部资金投入[5]。在项目启动阶段，项目经理需要对项目的成本进行详细估算，以确保项目的可行性，同时为后续的预算编制和成本控制提供依据。成本估算不仅仅是一个静态的数值测算过程，而是一个动态的分析过程，需要结合市场变化、行业标准和项目具体需求进行持续调整和优化。

在成本估算的过程中，项目经理需要综合考虑多个因素，包括人工费用、材料成本、设备采购、运营支出以及可能的不可预见费用。人工费用涵盖了所有直接或间接参与项目的人员薪酬，包括全职员工、合同工、外包人员及顾问的工资和福利。材料成本则涉及所有项目实施所需的原材料、零部件和消耗品，其价格可能因市场供需变化而波动，因此需要密切关注供应链的动态。

　　设备采购费用涉及项目所需的硬件、软件、机械设备及相关技术支持，这部分成本往往是一次性投入，但也可能包括维护和升级费用。运营支出涵盖办公场所租赁、日常运营管理、通信费用、差旅开支等，这些成本可能会随着项目进展而变化，因此需要持续监控和调整。此外，不可预见费用是一项重要的成本类别，旨在应对市场波动、技术变化或项目执行过程中的突发状况，确保项目在面临意外挑战时仍能顺利推进。

　　只有在全面、准确的成本估算基础上，项目经理才能制订合理的预算计划，确保项目按计划推进，并避免资金短缺或超支的风险。合理的成本估算不仅能够提高资金使用效率，还能增强项目的抗风险能力，使项目团队在复杂多变的环境中保持灵活性和应变能力。因此，在成本估算过程中，项目经理应采用科学的方法、依托可靠的数据，并结合项目特点进行多维度的分析，以确保成本估算的准确性和合理性。

　　在国际项目成本管理中，成本估算的方法多种多样，本节接下来将介绍几种常用的成本估算方法[6]，项目经理可以根据不同类型的项目和估算需求，选择合适的成本估算方法。

　　①类比估算法。是一种基于历史数据的成本估算方法，它通过分析过去类似项目的成本数据来推测当前项目的费用。在实际操作中，首先需要收集并分析多个已完成的类似项目的数据，包括其总成本、主要影响因素及项目背景。然后，根据当前项目的具体情况，调整关键参数，如通货膨胀率、规模差异、技术升级等，最终推导出新的估算成本。例如，在香港环球贸易广场（International Commerce Centre，ICC）项目中，项目团队参考了上海环球金融中心的建设经验，因为两者都是超过400m的超高层建筑，且建设时间相近（上海环球金融中心2008年完工，ICC2010年完工）。项目团队通过分析上海项目的成本数据，并结合香港的劳动力成本、材料价格等本地因素进行调整，成功完成了初步预算。但由于香港项目采用了更先进的幕墙系统和智能化设施，最终实际成本较类比估算略高。这种方法的优势在于快速且成本较低，但其准确性依赖于可参考项目的相似程度。例如，如果某个新建办公楼采用了更先进的绿色节能技术，而历史数据的项目未考虑该项技术，则类比估算可能会低估建设成本，导致资金预算不足。

　　②自下而上法。是一种较为精细的估算方法，它通过将整个项目拆分成更小的工作单元，对每个单元分别进行成本估算，并最终汇总得出整体成本。在

实际使用中，项目经理需要先进行工作分解结构（WBS）分析，将项目拆分成细小的工作任务，对每个任务分别进行资源配置和成本计算。例如，在空中客车A380超大型客机的开发项目中，工程团队将整个飞机分解为机身结构、发动机系统、航电系统、客舱内饰等多个子系统。每个子系统又细分为具体的组件，如机翼组装、起落架系统等。这些组件分别由法国、德国、英国和西班牙等不同国家的工厂负责生产，每个工厂都需要详细估算其负责部分的成本。通过汇总各个组件的成本，最终得出整个项目的总预算。这种精细化的成本估算帮助空客更好地控制了这个复杂的跨国项目。自下而上这种成本估算方法的优势在于准确性高，能够捕捉到细节变化的影响，但由于需要详细的任务分解，耗时较长。例如，在一个复杂的基础设施项目中，若前期未能详细拆解所有施工环节，后续某些环节的隐性成本可能被忽略，最终导致成本超支。

③参数估算法。是一种基于统计和数学模型的估算方法，它通过使用历史数据中的关键参数建立数学关系，从而计算出项目的成本。操作过程中，首先需要建立数学模型，确定影响成本的关键变量，然后利用历史数据进行回归分析或其他统计计算，最终推导出成本估算公式。例如，在中国—老挝铁路项目中，项目团队基于以往类似的国际铁路项目数据，建立了包含地形条件、隧道比例、桥梁跨度等关键参数的估算模型。该铁路全长1000多千米，根据不同地形段的单位造价参数（平原区段、山地区段、隧道区段等），再结合两国的劳动力成本差异、材料运输成本等因素，最终估算出项目总投资约370亿元。这种方法的优点是计算快捷，适用于有大量历史数据支持的领域，但当项目的特定变量发生较大变化时，估算精度可能受到影响。例如，如果某项目所在地地质条件特殊，需要额外的基础加固，而参数估算未考虑这一点，则最终的成本可能大幅上升。

④单位费率法。则是通过单位数量与单位成本的乘积来估算项目总成本。在使用该方法时，首先需要确定单位成本，即单个产品或服务的成本，然后将其乘以计划生产或提供的单位数。例如，在特斯拉上海超级工厂项目中，特斯拉基于美国弗里蒙特工厂的生产数据，估算了每辆Model3的生产成本。考虑到中国的劳动力成本优势、本地供应链体系等因素，项目团队预计每台车的生产成本可以降低20%~28%。通过单位生产成本与计划年产能50万辆的乘积，得出工厂运营成本的初步估算。这种方法适用于可标准化计算的场景，但如果单位成本波动较大，则需要进一步调整。例如，在电子产品制造业，若元器件的

市场价格因供需变化而剧烈波动，则单位费率法可能导致预算误差。

⑤投标分析法。主要用于竞争性项目，通过分析多个投标供应商的报价来确定合理的成本估算。在具体应用时，项目团队通常会发布招标公告，收集不同投标方的报价，并对其进行详细分析，包括价格的合理性、供应商的能力和市场情况。例如，在政府基础设施建设项目中，政府机构通常会向多家承包商招标，并对各家报价进行分析，最终选择最具性价比的方案。这种方法能确保成本估算更符合市场情况，但在供应商报价不透明或竞争不足的情况下，可能会影响其有效性。例如，如果只有少数几家供应商参与投标，价格可能会被人为抬高，从而影响项目预算。

⑥准备资金分析。是一种应对不确定性的估算方法，它在初始估算的基础上，增加一定的备用资金，以应对可能的成本变动。该方法通常适用于那些存在较高不确定性或可能受到外部环境影响的项目，如技术研发、基础设施建设以及市场需求波动较大的产业。在实际应用中，准备资金的确定通常依赖于项目的不确定性程度和历史数据分析。例如，在英法海底隧道（欧洲隧道）项目中，由于这是首次建造如此长度的海底隧道，项目团队在初始预算基础上设立了大约15%的准备金。这些准备金用于应对地质条件的不确定性、新技术应用风险、跨国合作带来的协调成本等。事实证明这个决定非常必要，因为在施工过程中确实遇到了地质条件复杂、渗水等技术难题，导致工期延长和成本超支。最终项目总投资达到了约150亿英镑，远超初始预算，这个案例说明了在具有开创性的大型跨国基建项目中，合理的准备金预算对项目成功的重要性。这种方法的优势在于降低项目失败的风险，提高对不可预见情况的应对能力，确保项目在遇到突发事件时仍能维持正常运作。然而，备用资金设置过高也可能导致资金浪费。例如，在某些低风险的标准化生产项目中，如果备用资金设置过高，可能会导致资金占用过多，影响企业现金流。

⑦质量成本法。是一种从质量管理角度出发的成本估算方法，它不仅考虑直接成本，还包括质量管理的相关费用，如预防成本、评估成本和故障成本。例如，在波音787梦幻客机开发项目中，波音公司采用了全面的质量成本管理方法。项目团队不仅考虑了直接的研发和生产成本，还投入大量资金用于预防性质量管理，包括供应商认证体系的建立、全球供应链的质量控制、复合材料的特殊检测等。尽管这些投入显著提高了前期成本，但从长远来看有效降低了后期的质量问题。通过质量成本法进行估算，有助于企业在保证产品质量的同

时，优化成本结构，适用于对质量要求较高的行业。但该方法的劣势是前期投入较高，会增大前期成本压力，影响短期利润，所以需要做好质量投入与成本控制的平衡。

综合来看，不同的成本估算方法各有优劣，具体选择取决于项目的类型、数据可获得性以及管理需求。在实际应用中，往往需要结合多种方法进行综合估算，以确保成本预测的准确性和可靠性。合理的成本估算不仅是项目成功的关键环节，也是项目管理过程中成本控制和资源优化的重要前提。

4.1.2 成本预算

成本预算是国际项目成本管理中的关键环节，其核心目标是确保项目资金得到合理规划和高效使用。在完成成本估算后，项目经理需要制订详细的成本预算计划，明确各项费用的具体分配，并设定成本控制目标，以确保项目在预算范围内顺利推进。成本预算不仅涉及资金的合理配置，还需要结合项目进度、资源需求及风险因素，确保资金流动的稳定性，避免因资金短缺或浪费而影响项目执行。

在项目管理中，成本预算的制定需要围绕如何使用资金展开。首先，项目经理需要根据成本估算的结果，对资金需求进行详细拆解，确保各项费用合理分配。人工成本、材料采购、设备投入、运营支出等各项成本需要有明确的预算划分，以确保资金使用的透明度和可控性。此外，成本预算还需要包含应急资金，以应对可能出现的市场波动、项目变更或不可预见的支出。合理的成本预算不仅能提高资金使用效率，还能为项目提供良好的财务保障，确保资金在整个项目生命周期中得到最优配置。成本预算的分配方法主要包括切段分配法和切块分配法。

①切段分配法。是一种按照时间维度进行资金分配的方法，它将项目的整个生命周期划分为不同阶段，并在各个阶段合理安排资金投入。例如，在建筑工程项目中，初期阶段可能需要较多的资金用于场地准备和基础施工，而中期阶段则主要用于建筑主体建设，后期资金则侧重于装修和竣工验收。这种方法的优势在于可以确保资金流动性，使每个阶段都能获得充足的资金支持，避免因一次性投入过大而造成资金紧张。此外，它还能帮助管理者更好地监控各个阶段的成本使用情况，及时调整预算规划。然而，其劣势在于如果项目进度发生变化，可能需要调整预算分配，否则会影响后续阶段的资金供应。例如，如

果一个建筑项目因天气原因导致施工延误，可能会影响原本计划在下阶段投入的资金使用，进而导致整个预算计划需要重新调整。

②切块分配法。则是根据项目的不同功能模块或工作内容进行资金划分。例如，在软件开发项目中，可以将预算分别分配给前端开发、后端开发、测试、运维等不同模块，每个模块都有独立的资金使用计划。在制造行业，可以根据产品开发、生产、质量控制和市场推广等不同环节分别进行资金配置。这种方法的优势在于资金使用的针对性更强，可以确保关键环节得到充分的资金支持，同时提高资金使用的透明度。此外，它还能够提高各模块的自主性，使各部门或团队能够按照自身的需求进行资金管理。然而，其劣势在于如果各模块的预算划分不合理，可能会导致某些模块资金过剩，而另一些模块资金不足，影响整体项目进度。例如，如果在软件开发过程中，测试阶段的预算过少，可能会导致测试资源不足，进而影响最终产品的质量，而开发阶段预算过多则可能导致资源浪费。因此，项目经理在采用切块分配法时，需要确保各模块的预算符合实际需求，并在必要时进行调整，以优化资金配置。

合理的成本预算不仅是项目成功的保障，也是成本控制的重要基础。项目经理需要结合项目特点和管理需求，灵活选择合适的预算分配方法，以确保资金能够在整个项目周期内得到合理、高效的利用。

4.1.3   成本控制

在国际项目成本管理中，成本控制是一项系统性工作，需要通过科学的管理方法和完善的控制手段来确保项目的成本能够控制在合理的范围内。项目经理可以通过建立事前、事中、事后三个阶段的全过程成本管理体系，有效降低成本风险，提高资金使用效率，确保项目收益最大化。

在项目的事前控制阶段，科学的成本规划与制度建设是重中之重。在项目启动阶段，项目团队需要开展全面的成本预测工作，这包括对项目所在地区的人工成本、材料价格、设备使用费用等进行深入调研和分析。在此基础上，需要结合项目特点和市场环境，制定详细的成本预算方案，合理分配各项资源。预算编制过程中要充分考虑通货膨胀、汇率波动等宏观经济因素的影响，预留适当的成本缓冲空间。

成本预测工作完成后，下一步是需要建立健全的成本管理制度体系。该体系需要明确规定各级管理人员的成本责任和权限，建立详细的责任追究机制。例如，项目经理需要对整体成本负责，各专业负责人则需要对其分管范围内的成本进行管控，基层管理人员则要确保日常作业成本的合理性。同时，要建立跨部门协作机制，确保采购、施工、技术等部门之间的有效配合，避免因沟通不畅导致的成本浪费。在技术与经济层面，项目团队应该充分论证各种可行的施工方案，通过技术经济比较，选择最优方案。这不仅包括传统的施工技术比选，还要考虑新技术、新工艺的应用可能性，通过技术创新来降低成本。同时，要选择合适的项目管理软件和成本控制模型，建立完善的信息化管理平台，为后续的成本控制提供技术支撑。

成本管理制度体系不只是针对中基层项目成员，项目高层领导也要高度重视成本控制工作。项目领导可以通过召开专题会议、制定激励政策等方式，营造全员重视成本的良好氛围。在国际项目中，还要特别注意文化差异带来的影响，通过加强沟通和培训，确保各地区团队对成本控制的理解和执行保持一致。

在项目实施的事中控制阶段，重点是要建立一套全面且高效的实时成本监控体系，通过信息化手段实现成本数据的及时采集和分析。这包括建立统一的成本编码体系，规范成本核算方法，确保各类费用都能准确归集和分配。例如，可以采用作业成本法，将项目划分为若干个成本中心，精确追踪每个作业环节的成本发生情况。

实时成本监控体系中还应包括定期的成本分析制度。可以通过横向和纵向对比，及时发现成本偏差。横向对比主要是与同期同类项目进行比较，找出成本差异的原因；纵向对比则是将实际成本与预算进行对照，分析偏差产生的原因。在发现成本偏差后，要及时采取纠正措施，确保成本始终在可控范围内。

除了建立实时成本监控体系外，构建科学的绩效考核体系同样不可或缺。科学的绩效考核体系能够将成本控制目标层层拆解至各个层级与岗位，使成本管理切实落实到每一位项目成员身上。具体而言，可设置成本节约率，用以衡量成本降低幅度；预算执行率，精准反映预算执行的到位程度；材料损耗率，直观体现材料使用过程中的损耗状况等具体指标。通过将这些考核结果与薪酬奖励紧密挂钩，充分激发全体员工参与成本控制的积极性与主动性。在项目实施过程中，还要特别注意全过程的动态控制，从设计优化、施工组织到采购管理，每个环节都要严格把控。比如，在设计阶段要注重优化设计方案，避免过度设计；在施工阶段要合理安排施工顺序，提高资源利用效率；在采购阶段要加强供应商管理，确保采购价格的合理性。

对于国际项目，为避免由于不同国家、不同文化背景导致的成本管理偏差，需要建立一套统一的成本管理标准，加强对各地区团队的协调和监督，确保成本控制措施得到有效执行。具体而言，这套统一标准应涵盖成本核算的流程与方法，明确规定各类成本的分类及计算方式，例如人工成本按照国际通用的工时与薪酬核算规则，避免因各国薪酬体系与工时制度差异造成核算混乱。同时，对材料成本的统计，需统一计价单位与计量方式，确保无论在哪个地区采购材料，都能以一致的标准进行成本统计与分析。

在项目的事后控制阶段，最重要的是对项目进行系统的总结和持续改进，这可以通过以下几个方面来实现：第一方面是要及时对项目总成本进行全面核算和分析。项目总成本包括：直接成本、间接成本和管理成本。直接成本即与项目直接相关的成本，如原材料采购、设备租赁、人工工时费用等；间接成本，是指像水电费、场地使用费等虽不直接对应项目生产却为项目开展提供必要条件的费用；管理成本则涵盖项目管理人员薪酬、办公费用等。项目经理通过对直接成本、间接成本、管理成本等各类费用的统计和归集，进行详细的成本分析，找出项目各阶段、各环节的成本构成特点和变化规律，准确识别超支原因和节约因素。例如，在项目执行阶段，直接成本和间接成本的占比会随着项目进度的推进产生动态变化。运用价格差异分析，能明确采购环节中实际价格与预算价格的偏差，分析是因市场价格波动，还是供应商选择、采购策略不当导致；运用数量差异分析则可揭示实际使用量与计划使用量的差别，查找是由于生产工艺问题、材料浪费，还是计划预估失误造成，借此准确识别超支原因。

第二个方面是对成本控制效果进行全面评估。评估既要包括针对经济效益的评估，还要考虑技术创新、管理改进等方面取得的成果。经济效益评估是指核算项目最终盈利状况，对比预算成本与实际成本，计算成本节约率或超支率，衡量成本控制在财务层面的成效。经济效益评估虽然是实现有效成本控制的基础，但评估不应只局限于此，还需包括对技术创新和管理改进层面的评估。技术创新方面，若项目在实施过程中采用了新的技术手段，提高了生产效率，降低了单位成本，应评估其对成本控制的间接贡献；管理改进层面，新的管理模式、方法的应用，如引入先进的项目管理软件，提升了管理效率，减少了管理成本，也需纳入评估范畴。基于获得的全面评估结果，项目经理应针对性地提出具体改进建议，这些建议可能涉及多个不同方面。比如，在制度完善上，可以细化成本核算制度，明确各部门成本核算职责；在流程优化方面，精简不必要的审批环节，优化项目物资采购流程，提高采购效率与性价比；在技术革新方面，鼓励研发和采用更高效节能的技术，降低项目运行成本，从而完善成本控制体系。

第三个方面是建立项目成本数据库，为实现国际项目经验传承与知识复用提供有效途径。通过将企业所有做过的国际项目的成本信息（包括各类成本数据、成本分析报告、成本控制措施及效果等）进行系统化整理和深度分析，建立庞大的成本数据库，可以为企业其他国际项目提供参考。数据库中涵盖了各类国际项目的成本特点，包括建筑工程、软件开发、产品制造等领域。基于这些丰富的数据，能够建立起科学合理的成本指标体系。比如，针对建筑项目，根据不同建筑类型（住宅、商业、公共建筑等）和规模大小，构建单位面积成本指标，用以精确衡量和预估成本。对于软件开发项目，则依据功能模块的复杂程度、开发周期的长短等因素，制定相应的成本估算指标。这些精心构建的指标体系，能够为新项目的预算编制提供精确且可靠的依据，让预算制定过程更具科学性。

第四个方面是要注重成本控制经验的传承和共享，提升企业整体成本管理水平。企业可以定期开展案例分析会，选取具有代表性的项目，向项目经理们深入剖析成本控制的成功经验与失败教训。还可以多组织经验交流活动，让参与项目的各部门人员分享自身在成本控制中的实践心得、遇到的问题及解决方法，提高企业整体的成本管理水平。

4.2　国际项目成本管理的重要性与复杂性

由于国际项目涉及多地区、多领域的复杂情况，故与传统项目相比，国际项目的成本管理更加复杂，也更具挑战。接下来，本节将详细分析国际项目成本管理所面临的诸多挑战，以及应对这些挑战的关键因素和解决策略。

4.2.1　国际项目成本管理的重要性

国际项目通常涉及众多国家和地区，而不同国家的政策法规、市场环境可能存在显著差异。例如不同的国家可能会有不同的税收政策以及环保标准，如果项目经理对这些法律文件没有充分了解，可能会在项目成本预测的时候出现偏差；另外，市场环境的波动，例如原材料价格的起伏、汇率的变动等，也会给国际项目成本控制带来挑战。面对如此复杂且多变的外部因素，国际项目成本管理的重要性愈发凸显。有效的国际项目成本管理能够应对各种潜在成本变动，确保项目在预算范围内顺利推进。

具体而言，国际项目成本管理的重要性主要体现在以下几个方面：

①国际项目成本管理可以保证预算控制与资源优化。在国际项目中，要确保项目在既定预算内有条不紊地推进，需要充分挖掘和利用有限资源，这是国际项目成功的关键要素。一般国际项目往往涉及多个国家，而各国资源各具特色，成本结构也大相径庭。比如在一些资源丰富的国家，原材料成本可能相对较低，但人力成本或许较高；而在另一些国家情况则可能相反。因此，精准的预算编制与管理就显得极为重要。这需要项目经理深入了解各个国家的资源状况和成本构成，根据项目需求合理分配资源，制订出科学合理的预算计划。只有这样，才能在保障项目顺利进行的同时，实现资源利用的最大化，避免资源的浪费和闲置。

②国际项目成本管理可以降低项目风险，确保国际项目高效推进。通过严谨的成本管理流程，能够敏锐地识别潜在的成本超支风险，并及时采取有效的预防措施，从而减少不必要的开支。在国际项目中，面临的情况比传统项目更为复杂，不同国家和地区有着不同的法律法规、税收政策，货币汇率也处于不断波动之中，这些因素都会对项目成本产生显著影响。例如，某些国家的税收政策可能会突然调整，导致项目税务成本增加；货币汇率的大幅波动，可能会使进口原材料的成本大幅上升。成本管理能够通过对这些因素的持续监控和分析，提前预警潜在风险，帮助项目团队及时调整策略，降低风险带来的损失，确保国际项目高效推进。

③国际项目成本管理是实现国际项目目标和盈利的关键保障。在国际项目中，需要在时间、成本和质量之间寻求最佳平衡。精准的成本控制可以为项目按时交付提供有力支持，确保项目能够达到预期的财务回报和商业价值。如果成本管理不善，可能会导致成本超支，进而压缩利润空间，甚至造成项目亏损；同时，成本失控也可能引发项目进度延误，无法按时交付成果，损害项目的商业信誉。通过科学的成本管理，合理安排资源和资金，严格把控成本支出，能够确保项目在保证质量的前提下，按时完成交付，实现项目的经济效益

和社会效益，达成项目的既定目标。

4.2.2 国际项目成本管理的复杂性与挑战性

在经济全球化的时代浪潮下，国际项目凭借其整合全球资源、拓展市场边界的独特优势，成为众多企业参与国际合作、实现战略发展的重要载体。然而，由于国际项目所涉及的国家数量众多，不同国家在政治体制、经济发展水平、文化习俗、法律法规以及市场规则等方面存在显著差异，这些多元且复杂的外部因素相互交织、彼此影响，为国际项目的成本管理工作带来了诸多挑战。具体而言，国际项目的成本管理主要面临以下几个关键挑战：

①成本估算的不确定性。不同国家和地区的项目环境和条件通常存在很大差异，这给成本估算带来了极大的不确定性。在一些市场不稳定的地区，原材料价格可能会出现大幅波动，劳动力市场也可能存在较大的不确定性，导致人工成本难以准确估算。此外，某些地区可能存在特殊的施工挑战，如复杂的地质条件、恶劣的气候环境等，这需要额外的技术和设备投入，进一步增加了成本估算的难度。成本估算的偏差可能导致项目预算不足，影响项目的顺利进行。因此，国际项目需要采用科学的成本估算方法，结合丰富的历史数据和专业的市场调研，尽可能提高成本估算的准确性。

②利益相关者的多样性。国际项目通常涉及多个利益相关者，包括本地政府、跨国公司、外部投资者等，各方的成本期望与需求各不相同。本地政府可能更关注项目对当地经济和社会发展的贡献，希望项目能够创造更多的就业机会和税收收入；跨国公司则可能更注重项目的经济效益和战略目标的实现；外部投资者则主要关心投资回报率。如何在满足各方利益需求的前提下，实现项目成本的有效控制，是国际项目成本管理面临的一大挑战。这需要项目管理者具备良好的沟通协调能力和利益平衡能力，通过与各方利益相关者的充分沟通和协商，制定出合理的成本管理策略。

国际项目成本管理的复杂性并非由单一因素所致，而是多个维度相互交织、彼此影响的结果。这些错综复杂的因素相互协同作用，层层叠加，使得成本管理难度大幅提升。具体来说，其复杂性主要是由以下几个方面的原因所致。

③多币种管理与汇率波动。国际项目的业务范围广泛，常常涉及多个国家和地区，这使得项目不可避免地要应对多币种管理问题。不同国家的货币在国际市场上的价值处于动态变化之中，汇率波动频繁。例如，某国际基础设施建

设项目,在项目筹备阶段以当地货币进行预算编制,但在项目执行过程中,由于当地货币贬值,以其他主要结算货币衡量的成本大幅增加,直接影响了项目的整体预算。

④不同国家的法规与税务政策的差异。各个国家的法律和税务环境千差万别,这对国际项目成本产生了直接且关键的影响。以增值税为例,不同国家的增值税税率和征收方式各不相同,有的国家采用单一税率,而有的国家则根据商品和服务的种类设置了多档税率。关税方面,各国对于进出口商品的关税政策也存在很大差异,某些商品在一些国家可能享受较低的关税待遇,而在另一些国家则可能面临高额关税。进出口限制同样会增加国际项目成本管理的难度。一些国家可能出于保护本国产业、国家安全等目的,对特定商品的进出口实施严格限制,这可能导致项目所需物资的采购成本增加或供应中断。

⑤供应链管理与物流复杂性。国际项目的供应链通常涉及多个国家和地区的供应商、生产商以及物流商,这使得国际项目成本管理难度大幅提升。不同国家的供应链效率参差不齐,一些发达国家的供应链体系较为完善,物流配送高效且成本相对较低;而一些发展中国家或经济欠发达地区,供应链可能存在基础设施不完善、物流配送效率低下等问题,从而增加了运输成本和时间成本。此外,不同国家的关税政策、劳动力成本差异也会对供应链成本产生显著影响。例如,从劳动力成本较低的国家采购原材料,虽然采购价格可能相对较低,但如果该国的物流运输成本高昂,且供应链稳定性较差,可能会导致项目总成本上升。因此,国际项目需要对全球供应链进行全面评估和优化,合理选择供应商和物流方案,以降低成本管理的复杂性。

⑥跨国团队的协作与沟通问题。国际项目团队通常由来自不同国家的成员组成,文化差异、语言障碍以及时区问题成为影响团队协作与沟通的主要因素。不同国家的文化背景导致团队成员在工作方式、价值观和沟通风格上存在差异,例如,一些国家的团队成员注重集体决策,而另一些国家的成员则更倾向于个人决策。语言障碍可能导致信息传递不准确或不及时,从而影响工作效率。时区问题也给团队协作带来了很大困扰,不同地区的团队成员可能无法在同一时间进行有效的沟通和协作。这些因素都可能导致项目进度延误,进而增加项目成本。为解决这些问题,国际项目需要建立有效的沟通机制和跨文化培训体系,促进团队成员之间的理解与合作。

⑦项目规模和跨区域协调。国际项目往往规模庞大,涉及多个地区的资源

调配和项目成员管理。以大型跨国能源项目为例，项目可能需要在多个国家和地区进行勘探、开采、运输和加工等环节，每个环节都需要协调大量的人力、物力和财力资源。管理分布如此广泛的项目成员和资源，仅靠传统的管理方式远远不够，需要借助高效的项目管理系统，实现成本信息的实时共享和透明化，确保成本的可控性。通过项目管理系统，项目管理者可以实时掌握各个地区的成本支出情况，及时发现成本偏差并采取相应的纠正措施。

4.2.3　国际项目成本管理的关键因素

正如前文所说，在国际项目中，由于涉及多币种管理与汇率波动、跨国法规与税务政策的差异性、跨国供应链管理与物流的复杂性、跨国团队的协作与沟通问题以及跨区域协调等问题，成本管理的复杂性远超传统项目。为了实现科学有效的成本管理，项目经理必须充分考虑这些问题，并针对他们建立系统化的管理机制。只有通过建立完善的风险防范体系，制定有效的应对策略，才能确保项目成本始终处于可控范围之内，最终实现项目的预期经济目标。以下将从这些问题出发，详细阐述在国际项目中如何开展有效的成本管理工作。

①多币种管理与汇率波动的应对策略。针对多币种与汇率波动，项目团队可采取多层次的防范措施。首先要建立专业的汇率风险管理团队，由财务专家和项目经理共同制定汇率风险管理方案。在项目启动阶段，要组织专项会议，评估不同币种的风险等级，制定差异化的应对策略。在合同谈判阶段，要充分考虑汇率风险分担机制，可通过设置汇率波动调整条款，约定当汇率波动超过特定范围时的调价机制。例如，可以设定 ±5%的浮动区间，超出该区间的汇率变动损益由双方按照约定比例分担。同时，积极运用金融工具进行风险对冲，如使用远期外汇合约锁定未来支付的汇率，或通过货币互换来平衡不同币种的收支。对于大额支付，可以考虑购买期权，在支付时点获得选择权。在项目预算中要设立充足的汇率风险准备金，通常建议按照项目外币支出的10%~15%计提，用于应对不可预见的汇率变动。此外，可以通过在不同货币区域平衡收支，实现自然对冲，如在当地采购原材料和设备，聘用当地劳动力等方式，减少外币支出。要求采购部门在进行国际采购时，优先考虑以本币计价的供应商，或争取获得较长的付款账期，以减少汇率风险敞口。建立动态的成本调整机制，每月评估汇率变动对项目成本的影响，及时调整项目预算和资金配置。设立专门的资金调度团队，负责统筹管理各币种资金，在汇率有利时及时结汇

或购汇，优化资金使用效率。

②跨国法规与税务政策差异化的应对策略。需要建立完善的合规管理体系，来应对不同国家的法规和税务管理可能存在差异的问题。首先要组建专业的法务和税务团队，至少配备具有国际税务经验的财务主管和法律顾问，全面梳理项目所在国的相关法规要求。定期组织法务和税务培训，提高项目团队的合规意识和专业能力。制定详细的税务筹划方案，包括各类税种的计算方法、纳税时点、税收优惠条件等内容。充分利用各国间的税收协定和优惠政策，合理优化项目整体税负。例如，可以通过设立区域总部或控股公司，利用税收协定网络降低整体税负。建立规范的发票管理制度，设置专门的票据管理岗位，确保各类支出都有合法有效的票据支持。制定统一的发票验收标准，建立电子化的票据管理系统，实现票据全生命周期管理。设计完善的成本核算体系，按照不同国家的会计准则要求，准确区分和归集各类成本，便于进行税务申报和管理。同时，建立定期的法规更新机制，每季度组织一次法规研究会议，及时跟踪各国法律法规的变化，适时调整管理策略。聘请当地知名的会计师事务所和律师事务所作为常年顾问，定期进行合规审查，及时发现和纠正潜在的合规风险。加强与当地税务机关的沟通，建立良好的合作关系，定期走访交流，了解政策动向。必要时可申请预约定价安排，提前确定关联交易的定价原则，降低转让定价风险。建立税务风险预警机制，对重大经济活动进行事前的税务评估，制定相应的风险防范措施。

③供应链与物流的有效管理策略。供应链与物流管理需要构建全球化的管理网络。首先要建立科学的供应商评估和分级体系，从价格、质量、供货能力、财务状况、商业信誉等多个维度评估供应商资质。建立供应商数据库，详细记录供应商的历史表现、信用评级、违约情况等信息，作为供应商选择和管理的依据。实施战略采购管理，对核心物资和服务实施分类管理，与重要供应商建立战略合作关系。通过签订长期框架协议，锁定关键物资的供应价格和数量，降低采购成本和供应风险。针对大宗物资，可以采用集中采购模式，提高议价能力。建立全球化的采购平台，统一采购标准和流程，实现采购信息的实时共享和分析。定期组织供应商评估会议，对供应商的表现进行综合评价，建立优胜劣汰机制。在物流管理方面，要建立多式联运的物流体系，根据不同货物的特点选择最优的运输方案。与实力雄厚的国际物流服务商建立战略合作关系，通过签订年度服务协议，获取优惠的运输价格。建立物流跟踪系统，实时

监控货物运输状态，及时处理延误和异常情况。在重要节点设立物流协调员，负责协调解决运输过程中的问题。对于贵重或特殊货物，要制定专门的运输方案，配备专业的押运人员。建立仓储网络，在关键区域设立中转仓库，优化物流路径，降低运输成本。实施准时制库存管理，根据项目进度合理安排物资到货时间，减少库存占用成本。建立供应链风险预警系统，对供应商的生产能力、库存水平、财务状况等进行动态监控，及时发现潜在风险。制定完善的应急预案，针对不同类型的供应中断风险，准备备选供应商和替代方案。

④跨文化团队的有效管理策略。在跨国团队的协作管理方面，需要建立一整套成本导向的管理机制。首先，要设立专门的成本管理协调岗位，负责统筹不同区域团队的成本管理工作，确保成本信息的及时传递和问题的快速响应。建立标准化的成本报告体系，统一各地区的成本核算口径和报告格式，避免因文化差异导致的理解偏差。例如，制定双语版本的成本管理手册，详细说明各项成本的计算方法、归集规则和控制标准。在日常工作中，通过建立定期成本分析会议制度，要求各地区团队按照统一的模板提交成本分析报告，并安排专业翻译人员参与，确保成本信息传递的准确性。为了克服时差带来的沟通障碍，可以采用轮班制的成本管理团队，确保关键时段都有专人负责成本数据的处理和分析。建立成本预警机制，设定多级预警阈值，当发现成本异常时，及时通过即时通信工具通知相关负责人。在团队培训方面，定期组织成本管理专题培训，内容包括各国会计准则差异、成本控制方法、预算管理技巧等，提高团队的专业能力。同时，针对重大成本决策，建立多层次的评审机制，充分考虑不同文化背景下的决策习惯，在保证决策效率的同时，也要确保决策的科学性。

⑤项目规模与跨区域协调的有效策略。在项目规模和跨区域协调方面，需要构建系统化的成本管控体系。首先，要建立统一的成本管理信息平台，实现成本数据的实时采集、传输和分析。该平台应具备多语言界面，支持不同货币的自动换算，并能生成多维度的成本分析报表。建立分层级的成本责任体系，将总体成本目标分解到各个区域和部门，明确各层级的成本控制权限和责任。例如，对于日常费用可以授权本地团队审批，而对于重大成本支出则需要更高层级的审批。实施动态的成本监控机制，通过设立成本监控点，对项目各阶段、各区域的成本执行情况进行实时跟踪。建立成本超支预警系统，当某个区域或项目环节的成本接近预警值时，系统自动推送预警信息给相关负责人。在

资源调配方面，建立跨区域的资源共享机制，通过统筹调配各地区的人力、设备等资源，实现资源使用效率的最大化。例如，在设备使用高峰期，可以通过区域间的设备调配，避免重复购置设备造成的成本浪费。建立标准化的成本评估体系，定期对各区域的成本控制效果进行评估和比较，发现成本控制的最佳实践并在各区域推广。设立专门的成本优化小组，负责研究和推广各种成本节约方案，如通过优化工作流程、改进技术方案等方式降低运营成本。建立完善的成本考核机制，将成本控制效果与团队绩效挂钩，激励各区域团队持续改进成本管理水平。同时，注重成本管理经验的总结和共享，定期组织跨区域的成本管理经验交流会，促进各地区团队之间的学习和借鉴。

5　国际项目质量管理

在全球经济一体化的浪潮下，国际项目日益增多，其质量管理水平直接关系到国际项目的最终成效与效益。本章将深入探究国际项目质量管理，从质量管理计划的制订，到质量保证体系的构建，再到质量控制体系的实施，全方位阐述如何打造卓越的国际项目质量管理体系，助力项目在复杂多变的国际环境中高质量交付。

5.1　质量管理计划

在国际项目推进过程中，质量管理是决定项目成败的关键因素。本节将围绕质量管理计划展开，从建立科学合理的质量管理目标，到确定精准适用的产品质量标准，再到系统策划达成目标的具体过程，全方位剖析如何构建完善的质量管理体系，助力项目高质量交付。

5.1.1　建立质量管理的目标

国际项目质量管理是一项系统性的工作，需要在项目开展之初就建立科学、合理的管理体系。而建立质量管理目标则是这项工作的基础和关键。质量管理目标不仅为项目质量管理工作指明了方向，也是衡量项目质量管理成效的重要依据。只有建立起科学合理的质量目标，才能确保项目质量管理工作有序开展，最终实现项目的质量要求。

建立工程项目的质量管理目标需要从项目的整体性出发，将质量要求具体化和可操作化。在制定质量目标时，项目管理团队需要深入分析项目的特点和要求，综合考虑工期要求、质量标准和造价控制等核心要素。工期方面，需要考虑项目各个阶段的时间节点要求，确保质量目标与工期进度相匹配；质量标准方面，要充分考虑国家相关标准规范的要求，同时结合项目的具体特点，制定更加细化和严格的内部质量标准；造价控制方面，则需要在保证质量的前提下，合理控制质量管理成本，实现质量与效益的最优平衡。这些核心要素之间相互影响、相互制约，需要通过系统分析和反复权衡，找到最佳的平衡点。

质量目标的设定必须具有可操作性，这就要求将总体目标系统地分解到项目的各个阶段。在设计阶段，质量目标应当体现在设计深度要求、技术方案的可行性、设计文件的准确性等方面；在采购阶段，质量目标需要明确材料和设备的技术标准、供应商资质要求、采购流程的规范性等内容；在施工阶段，则要细化到各个分部分项工程的具体质量要求，包括施工工艺标准、质量检验标准、成品保护要求等。通过这种系统的分解，使每个阶段都有明确的质量控制标准和具体的考核指标，为项目质量管理提供清晰的行动指南。

在质量目标的制定过程中，应该充分发挥项目各相关方的作用。项目管理团队需要建立完善的沟通机制，积极征求业主方对最终产品质量的期望和要求。这种沟通不应局限于表面的意见征询，而是要深入了解业主的使用需求、功能要求和质量期望，将这些要求准确地转化为具体的质量指标。同时，也要充分考虑施工单位的技术能力和实际施工条件，了解其在人员配备、技术装备、质量管理体系等方面的具体情况，确保制定的质量目标具有可实现性。对于供应商，则需要深入评估其供货能力、质量保证体系和既往业绩，确保其能够满足项目的质量要求。通过召开专题研讨会、技术交底会等形式，让各方充分表达意见，共同参与质量目标的讨论和制定。这种参与式的目标设定方法不仅能够使质量目标更加全面和可行，还能够增强各方对目标的认同感和执行的自觉性。

为了确保质量目标能够得到有效落实，需要建立科学的目标分解机制和完善的责任制度。项目管理团队应当根据项目特点和管理需要，将总体质量目标系统地分解为具体的控制指标。这种分解应当遵循"可测量、可实现、有时限"的原则，确保每个控制指标都具有明确的评价标准。在此基础上，建立相应的质量管理制度和工作流程，明确规定质量控制的方法、程序和要求。质量管理制度应当包括质量计划编制、质量检查与验收、质量问题处理、质量记录管理等内容，形成完整的质量管理体系。同时，要建立健全的质量责任制，明确各个岗位在质量管理中的具体职责和权限。质量责任制应当覆盖项目的各个层级和环节，从项目经理到一线操作人员，都要有明确的质量责任。通过建立质量考核机制，定期评估质量目标的完成情况，及时发现和解决质量管理过程中存在的问题。考核结果要与绩效考评和奖惩制度挂钩，形成有效的激励约束机制。此外，还要建立质量管理的持续改进机制，通过定期的质量分析会议，总结质量管理经验，优化质量管理措施，不断提高质量管理水平。

在质量目标的执行过程中，项目经理还需要注意目标的动态调整。随着项目的推进，可能会出现新的质量要求或质量风险，这就需要及时调整和完善质量目标。调整过程中要坚持严格性和灵活性相结合的原则，既要确保质量目标的科学性和权威性，又要保持适当的弹性，使质量目标能够适应项目实施过程中的变化和要求。同时，要加强质量管理的信息化建设，利用现代信息技术手段，提高质量管理的效率和准确性，为质量目标的实现提供有力的技术支撑。

5.1.2 确定产品质量的标准

在确立了质量管理的总体目标后，为了使这些目标能够落到实处，项目经理需要进一步明确具体的产品质量标准。这些标准是质量目标的具体化和量化表现，也是项目质量管理实施的重要依据。标准的制定过程不是简单的文件编制工作，而是需要系统思考和科学方法的复杂过程。

产品质量标准的确定需要综合考虑多个维度的要求。首要的是深入分析项目类型的特征和要求，不同类型的工程项目在质量标准上有着显著的差异。对于建筑工程项目，需要重点关注结构安全、使用功能和建筑美观等方面的标准，例如混凝土强度等级、建筑节能指标、室内环境参数等；对于市政工程，则更需要注重工程的耐久性、安全性和社会影响，如道路工程中的路面平整度指标、桥梁承载能力要求、排水管网的防渗漏标准等；而对于工业项目，则要特别强调生产工艺要求和设备性能指标，比如生产线的自动化水平、设备运行参数、产品质量检测标准等。项目管理团队需要根据项目的具体特点，深入研究相关的国家标准、行业规范和地方标准，在此基础上制定符合项目实际的质量标准体系。

客户需求分析是确定产品质量标准的另一个重要环节。项目管理团队需要采用多种方法收集和分析客户需求。例如，可以通过问卷调查了解客户对产品性能的具体要求，通过深度访谈掌握客户的使用习惯和期望，通过实地考察了解客户的运营环境和条件。在新加坡滨海湾金沙酒店项目中，由于业主拉斯维加斯金沙集团计划打造亚洲顶级综合度假胜地，对建筑品质提出了极高要求。例如，考虑到新加坡潮湿的热带气候，项目团队在空调系统设计中特别强化了除湿功能；为打造世界最大的无柱顶层空间（用于空中花园），对钢结构的制造和安装精度提出了极其严格的标准；为确保游泳池的安全性能，在57层高空设计的悬臂泳池采用了特殊的抗震结构和防渗漏系统。通过这种深入的需求分析，才能制定出既满足规范要求，又符合客户期望的质量标准。

ISO9000质量管理体系标准为项目质量标准的制定提供了系统的指导框架。这个体系强调以过程方法为基础，强调"策划—实施—检查—改进"（PDCA）循环。在具体应用中，项目管理团队需要建立符合ISO9000要求的质量管理体系，包括质量方针的制定、质量目标的设定、组织机构的建立、资源的配置、过程的控制等各个方面。例如，在设计阶段，需要明确设计输入要求、设计评审标准、设计验证方法等；在采购阶段，需要规定供应商评价标准、原材料检验要求、不合格品控制程序等；在施工阶段，需要制定施工工艺标准、质量检验规程、技术交底要求等。

质量管理工具的科学运用对于制定有效的质量标准至关重要。因果图（鱼骨图）是分析质量问题成因的有效工具，它通过将问题分解为人、机、料、法、环等几个方面，帮助识别影响质量的关键因素。例如，在分析混凝土质量问题时，可以通过因果图分析出影响因素包括：人员方面的操作技能和责任心，设备方面的性能状况和维护保养，材料方面的质量控制和储存条件，方法方面的配合比设计和施工工艺，环境方面的温度湿度控制等。这种分析有助于制定更有针对性的质量标准。

流程图是另一个重要的质量管理工具，它通过图形方式展示过程的各个步骤和决策点，帮助明确质量控制的关键环节。例如，在丰田汽车全球生产系统中，公司使用详细的流程图来规范从零部件采购到整车组装的全过程质量控制。这些流程图不仅包括日本本土工厂的标准作业程序，还要适应北美、欧洲等全球各地工厂的具体情况。统计抽样方法则是确保检验结果可靠性的重要工具，它通过科学的抽样方案，在控制检验成本的同时确保检验结果的代表性。通过这种标准化的流程管理，丰田确保了全球各工厂生产的汽车都能达到相同的质量水平。

全面质量管理（Total Quality Management，TQM）理念的引入，为产品质量标准的制定与实施提供了系统性的指导框架。TQM的核心原则主要体现在三个方面：第一，"全员参与"原则要求企业从战略管理层到基层操作人员都深度参与质量标准的制定与执行过程；第二，"持续改进"原则强调建立动态的质量标准优化机制，通过定期召开质量分析会议，系统收集执行过程中的问题反馈和改进建议，实现质量标准的迭代升级；第三，"以客户为中心"原则要求将最终用户的需求作为质量标准制定的核心考量因素。在实践层面，西门子公司成功地将TQM理念转化为卓越的质量管理实践。以德国埃尔朗根工厂的高端核磁共振设备生产为例，该工厂全面推行"全员参与"的质量管理模式。具体而言，从研发设计工程师到生产装配技师，每个价值链环节的员工都深度参与质量标准的制定过程。通过数字化管理平台，装配线上的技术工人可以直接提交工艺改进建议，其中相当比例的产品可靠性提升方案都源自一线员工的实践经验。同时，西门子建立了全球质量研讨会机制，定期组织中国、美国、德国等不同生产基地的团队进行经验分享，持续优化全球统一的生产标准体系。并且，在新一代磁共振设备的开发过程中，西门子特别注重建立全球用户需求反馈机制。公司通过系统收集和分析全球医院的使用数据，将临床医生和患者的实际需求直接转化为产品标准。例如，基于亚洲医疗机构对诊疗环境的要求，公司制定了更为严格的设备噪声控制标准；根据美国医院的操作习惯，优化了人机交互界面的设计标准。这种以全球用户需求为导向的标准优化机制，不仅提升了产品的市场适应性，更确保了西门子医疗设备在全球市场的持续竞争优势。

在标准的具体执行过程中，项目经理还需要建立完善的标准文件体系。质量手册是最高层次的文件，它规定了质量管理体系的总体要求；程序文件规定了各个过程的具体要求和操作规程；作业指导书则详细规定了具体工作的操作方法和标准。这些文件需要系统性地编制，确保相互之间的协调性。例如，在混凝土施工质量标准中，质量手册规定总体要求，程序文件规定施工流程和控制要求，作业指导书则详细规定模板安装、钢筋绑扎、混凝土浇筑等具体操作的标准。

为了确保质量标准能够有效实施，还需要建立完善的培训体系。培训内容应包括质量标准的具体要求、操作规程的详细说明、质量检验的方法和标准等。培训方式可以采用课堂讲解、现场演示、案例分析等多种形式。例如，在进行新工艺施工前，可以通过样板示范的方式，让施工人员直观地了解质量标准的具体要求。同时，要建立考核机制，通过定期的考核确保相关人员真正掌握和遵守质量标准。

此外，还需要建立有效的质量信息管理系统，实现质量标准执行情况的实时监控和分析。通过信息化手段，可以及时收集质量数据，分析质量趋势，发现质量问题，为质量标准的持续改进提供依据。例如，可以建立质量检验数据库，记录各项检验结果，通过统计分析发现质量波动规律，及时调整质量控制措施。

产品质量标准的制定是一个动态的系统工程，它不仅需要严谨的技术规范作支撑，更需要科学的管理思维作指导。随着项目的推进，质量标准会不断面临新的挑战，这就要求项目管理团队始终保持开放和创新的心态，善于运用各类管理工具和方法，并在实践中不断完善和优化质量标准体系。尤其重要的是，质量标准的制定不应仅仅停留在技术层面，而是要将其上升到项目战略的高度，使其成为推动项目持续改进的动力源泉。只有将质量标准与项目整体目标紧密结合，充分发挥标准在引导、规范和激励方面的作用，才能真正建立起高效、可靠的质量保证体系，为项目的成功实施奠定坚实基础。

5.1.3 策划达到目标的过程

质量目标的实现需要通过系统的过程策划和精细的管理手段来保证。这不仅需要科学的管理方法和工具，更需要建立完善的组织体系和有效的实施机制。项目经理需要通过周密的计划和充分的准备，确保质量管理工作能够有序开展。

工作分解结构（WBS）是过程策划的重要工具和基础。在质量管理过程中，项目管理团队首先需要基于WBS对项目进行系统分解。这种分解不是简单的工作任务划分，而是要充分考虑质量控制的需要。例如，对于一个建筑工程项目，WBS不仅要包含常规的分部分项工程划分，还要考虑质量控制的特殊要求。在基础工程中，可能需要专门设置地基处理质量控制包；在主体结构施工中，可能需要设置混凝土施工质量控制包；在装修工程中，则需要设置材料验收和施工工艺质量控制包。通过这种细致的工作分解，可以确保每个质量控制环节都得到充分关注。

资源分配是确保质量目标实现的关键要素。项目管理团队需要根据WBS的分解结果，为每个工作包配置相应的资源。这些资源包括人力资源、设备资源、材料资源和资金资源等。在人力资源配置方面，需要考虑人员的专业能力和工作经验，确保关键岗位有合格的人员担任。例如，对于重要的质量检验工作，需要配备具有相应资质的检验人员；对于特殊工艺的施工，需要安排有丰富经验的技术工人。在设备资源配置方面，需要根据工作需要配备必要的检测设备和施工设备，并确保这些设备的精度和可靠性满足要求。例如，对于混凝土施工，需要配备性能可靠的搅拌设备、输送设备和养护设备；对于质量检测，则需要配备各类检测仪器和试验设备。

项目进度计划的制订需要充分考虑质量控制的要求。传统的进度计划往往过分关注工期目标，而忽视了质量控制所需的时间。项目管理团队需要在进度计划中合理安排质量控制活动，确保各项质量控制措施能够得到有效实施。例如，在混凝土浇筑之前，需要预留足够的时间进行配合比试验和模板检查；在重要部位施工前，需要安排技术交底和样板引路；在施工过程中，需要安排必要的质量检查和验收时间。同时，进度计划还要考虑质量问题整改的时间需求，为可能出现的质量问题预留必要的处理时间。

质量控制措施与项目预算的结合也需要特别关注。项目管理团队需要在预算中专门设置质量管理费用，确保质量控制活动有充足的资金保障。这些费用包括质量检测费用、试验费用、培训费用等。例如，材料进场检验费用、第三方检测费用、质量管理人员工资等都需要在预算中明确体现。同时，还要建立质量成本分析制度，定期评估质量管理投入的效果，优化资源配置。

培训与教育体系的建立是质量管理工作的重要组成部分。项目管理团队需要制订系统的培训计划，确保项目参与人员具备必要的质量管理知识和技能。培训内容应当包括质量管理基础知识、质量标准要求、质量控制方法、质量检验技术等。以港珠澳大桥建设项目为例，作为连接香港、珠海和澳门的超大型跨海通道，该项目是世界上最长的跨海大桥，集桥、岛、隧于一体，总投资超过1200亿元人民币，涉及中国、英国、美国、日本等多国技术标准。面对如此复杂的国际工程项目，项目团队建立了多层次、全方位的质量培训体系。对项目管理层的培训重点聚焦于ISO9001质量管理体系的实施和六西格玛管理方法的应用；对工程技术人员的培训着重于英国BS标准和欧洲EN标准的解读与应用；对现场施工人员则强化了预制构件安装、焊接工艺等专项操作规程的培训。培训方式采用理论授课、现场实操等多种形式相结合，特别是在沉管隧道施工环节，通过3D建模技术进行可视化培训，显著提升了培训效果。项目还建立了严格的培训考核制度，所有参训人员必须通过理论考试和实操评估双重考核，确保关键岗位人员100%持证上岗。这种系统化的培训体系为港珠澳大桥实现"零事故、零缺陷"的质量目标提供了有力保障，也为大型跨境基础设施项目的质量管理树立了标杆。

质量文化的建设是质量管理的重要保障。项目管理团队需要通过多种方式培育质量文化,提高全员的质量意识。可以通过设立质量奖励制度,表彰在质量管理工作中表现突出的个人和团队;通过质量经验交流会,分享质量管理的成功经验和教训;通过质量警示教育,让员工认识到质量问题的严重后果。例如,可以通过实际案例分析,让员工了解质量缺陷可能带来的经济损失和安全隐患;通过优秀项目参观,让员工感受到高质量工程的价值和意义。

过程监控和改进机制的建立也是质量管理过程策划的重要内容。项目管理团队需要建立有效的质量监控体系,及时发现和解决质量问题。这包括建立质量检查制度,定期开展质量巡查;建立质量问题报告制度,及时收集和处理质量问题;建立质量分析会议制度,定期总结质量管理经验。同时,要建立质量改进机制,通过持续改进来提高质量管理水平。例如,可以通过质量管理评审,发现质量管理体系中的不足;通过质量改进建议收集,吸收基层员工的改进意见;通过质量管理创新,引入新的质量管理方法和工具。

信息化手段的应用对于提高质量管理效率具有重要作用。项目管理团队应当充分利用现代信息技术,建立质量管理信息系统。这个系统应当能够实现质量数据的采集、存储、分析和共享,支持质量管理决策。例如,可以通过移动终端进行现场质量检查,实时记录质量问题;通过数据分析系统,掌握质量趋势,预测质量风险;通过信息共享平台,实现质量管理经验的积累和传播。

此外,还需要建立应急响应机制,为可能出现的重大质量问题做好准备。项目管理团队需要制定质量事故应急预案,明确应急处置程序和责任人。同时,要定期开展应急演练,确保在发生质量问题时能够及时、有效地进行处置。这包括建立快速反应机制,确保质量问题能够得到及时处理;建立质量问题升级机制,确保重大质量问题能够得到管理层的及时关注;建立质量危机处置机制,确保重大质量事故能够得到有效控制。

质量管理过程的策划不仅是一个技术性的工作,更是一个系统工程。它需要项目管理团队以战略性思维统筹全局,将质量管理要求深度融入项目管理的各个维度。通过建立动态的管理机制,促进质量管理从被动应对向主动预防转变,从单一控制向全面管理升级,从局部优化向系统提升发展。只有这样,才能在项目实施过程中形成强大的质量管理合力,最终实现项目的质量目标。在这个过程中,项目管理团队既要立足当前,解决眼前的质量管理问题,也要着眼长远,培育持续改进的质量文化;既要关注硬性的制度和标准,也要重视软性的组织氛围；既要发挥传统管理工具的作用，也要善用现代技术手段带来的新机遇。通过这种多维度、多层次的系统策划，才能确保质量管理工作真正落地生根、开花结果。

5.2 质量保证体系

在上一节中，我们深入探讨了如何建立质量管理计划，而仅有完善的计划尚不足以确保项目高质量交付，一个健全的质量保证体系同样不可或缺。本节将聚焦于此，从质量监督机制的建立，到根据质量评估和反馈，对该体系进行持续改进与优化，全方位解读如何构建坚实可靠的质量保证体系，助力国际项目成功达成质量目标。

5.2.1 质量监督

在上一节的质量管理计划中，我们详细探讨了如何建立质量管理的目标、确定产品质量的标准以及策划达到目标的过程，这些内容为项目质量管理奠定了坚实基础。然而，仅有完善的计划远远不够，要确保质量管理目标的真正实现，还需构建强有力的质量保证体系。质量保证体系是确保项目质量符合预定标准的一系列活动和过程，而质量监督则是其中极为关键的一环。它如同精密仪器中的校准装置，持续监控项目执行过程，保障各个环节与既定质量标准和计划保持一致。接下来，我们将深入探讨如何进行质量监督，并了解其在构建质量保证体系中发挥的重要作用。

在建立质量监督机制时，首先需要确定质量监督的主体和责任人，只有清晰界定了责任主体，才能保证监督工作的有效开展。监督主体一般由项目管理团队中的核心成员构成，他们凭借丰富的项目管理经验和专业知识，能够精准把控项目的质量要点。而责任人的设定，则可以根据项目不同的任务或不同阶段进行细致划分。比如在筹备规划阶段，安排熟悉项目前期策划的人员作为责任人，着重监督项目规划的合理性和完整性；在设计阶段，由具备专业设计知识的人员担任责任人，严格把控设计质量；施工阶段和验收阶段，也分别设立专门的责任人，确保施工符合设计要求以及验收的规范进行。责任人不仅要对特定监督任务负责，保证监督工作的细致与深入，更要强化对质量管理目标的监督责任。责任人需时刻关注项目进展，将实际情况与质量管理目标进行对比分析，一旦发现偏差，迅速采取纠正措施。只有监督主体和责任人高度重视质量管理目标的监督，才能确保项目各环节朝着高质量方向发展。

当确定好质量监督的主体和责任人后，还需明确监督的范围与方法。监督范围应全面覆盖项目的各个阶段、各个环节，从项目的筹备规划，到具体的设计、施工、验收等阶段，都不能有遗漏。监督方法则应根据项目特点进行选择，例如可以采用定期检查与不定期抽查相结合的方式，确保项目始终处于严格的监督之下。通过清晰界定主体和责任人，全面覆盖监督范围，以及灵活运用适宜的监督方法，使各个环节紧密相扣，这样就建立好了一套完整且系统的质量监督机制。

质量监督机制的建立为质量监督的有效实施筑牢了根基。监督机制明确了主体、责任、范围和方法，就如同搭建好了房屋的框架，而质量监督的实施则是填充内容、使其真正发挥作用的关键步骤。只有切实将监督机制落实到具体的实施行动中，才能确保项目质量得到有效管控。

在质量监督的实施过程中，制定详细的质量保证措施非常重要。质量保证措施的核心目的在于全方位、全过程地保障项目符合既定质量要求。定期检查作为基础手段，能及时发现项目各个环节中潜藏的质量隐患。例如，对施工项目的定期巡检，可察觉材料使用是否合规、施工工艺是否达标等问题。审核是对项目各项工作的深度剖析，涵盖文件资料、工作流程等多方面。通过审核文件资料，能确认其是否完整准确，像施工图纸是否清晰、合同条款是否严谨；审核工作流程则可判断项目运作是否高效有序，是否存在冗余或不合理的环节，以此保障项目规范性。验证是对项目成果的最终把关，运用实际测试、检验等手段，确认成果是否契合质量标准。比如产品制造完成后，通过严格的性能测试、质量检测，来判定产品是否合格。质量评审会议为项目团队成员提供了交流平台，所有项目成员可以在此共同研讨项目中出现的质量问题，分享各自的经验与见解，群策群力提出切实可行的改进措施，推动项目质量持续提升。这些质量保证措施相互关联、层层递进，共同为项目质量保驾护航。

为了提高质量监督的效率和精确度，还可以采用一些技术手段进行过程监控与控制。例如，自动化监测技术能够实时收集项目的数据信息，如通过传感器监测项目中的温度、湿度、压力等参数，及时发现异常情况。信息化管理系统则可以整合项目的各类信息，实现信息的共享与分析，项目经理可以通过信息化管理系统实时了解项目的进度、质量等情况，及时做出决策。这些技术手段的应用，能够让项目的质量监督更加高效、精准，为项目的成功实施提供有力保障。

5.2.2 持续改进与优化

在上一节中，我们已经深入探讨了质量监督机制的建立以及实施过程，这为项目质量的把控提供了坚实基础。然而，项目质量管理并非一劳永逸，随着项目推进，内外部环境不断变化，持续改进与优化成为确保项目质量始终符合目标的关键。持续改进与优化能够让项目及时适应新的需求和挑战，避免质量问题的积累，提升项目整体效益。而实现持续改进和优化，是需要依据质量评估和反馈，及时对项目执行过程中的质量控制策略进行调整。

在国际项目中，常采取PDCA（计划—执行—检查—行动）循环或DMAIC方法[7]，来对质量保证体系进行持续优化。这两种方法各有特点，没有优劣之分，接下来，本节会详细介绍这两种方法，项目经理可以根据不同国际项目的特性，综合考量后选用最契合项目需求的方法。

PDCA循环，即计划（Plan）—执行（Do）—检查（Check）—行动（Act）循环，是由美国质量管理专家休哈特博士提出，后经戴明采纳、宣传而获得普及，所以又称戴明环。计划阶段，项目团队需要明确项目质量目标，制订详细的质量计划，确定实现目标的具体步骤和方法。比如在软件开发项目中，明确软件要达到的功能标准、性能指标等，制订开发流程和测试计划。执行阶段，严格按照计划开展各项工作，落实质量控制措施。在软件开发过程中，程序员按照既定的代码规范和设计方案进行编码实现。检查阶段，对执行结果进行检查和评估，将实际结果与质量目标进行对比，找出偏差。例如通过软件测试，检测软件是否存在漏洞、功能是否正常实现等。行动阶段，针对检查中发现的问题，采取相应的改进措施，总结经验教训，将成功的经验标准化，避免问题再次发生。对于测试中发现的软件漏洞，及时进行修复，并分析漏洞产生的原因，完善开发流程和规范。

PDCA循环的优势在于它是一个持续改进的过程，能够不断优化项目质量，而且它具有很强的通用性，适用于各种类型的项目。劣势在于如果在计划阶段考虑不周全，可能导致后续循环的效果不佳。PDCA循环常用于制造业、服务业等常规性项目，如汽车制造、酒店服务流程优化等项目。

DMAIC方法，即定义（Define）—测量（Measure）—分析（Analyze）—改进（Improve）—控制（Control），主要用于现有流程的优化和改进，以达到六西格玛质量水平。定义阶段，明确项目的目标、范围和关键质量特性。例如在生产流程优化项目中，确定要提高产品的合格率，明确影响合格率的关键因素。测量阶段，收集相关数据，了解当前流程的绩效水平。通过收集生产线上产品的质量数据，分析现有合格率。分析阶段，对数据进行深入分析，找出影响质量的根本原因。运用统计分析工具，找出导致产品不合格的关键因素，如设备故障、原材料质量问题等。改进阶段，针对根本原因制定改进方案并实施。例如更换设备、优化原材料采购渠道等。控制阶段，建立控制机制，确保改进后的流程能够持续稳定运行。制定新的操作规范和质量监控标准，定期对生产过程进行检查和评估。

DMAIC方法的优势在于它强调数据驱动，能够深入分析问题根源，有效解决复杂的质量问题。劣势在于实施过程较为复杂，需要专业的知识和技能，成本较高。DMAIC方法更适用于对质量要求极高、流程复杂的项目，如航空航天、电子芯片制造等项目。通过合理运用PDCA循环和DMAIC方法，根据质量评估和反馈及时调整质量控制策略，能有效保障项目质量目标的实现。

5.3 质量控制体系

本节将围绕质量控制体系展开，详细阐述全过程质量控制的具体举措，介绍预防为主的质量控制方法，探讨质量控制技术保障手段，以及质量评估与优化策略，助力全方位把控项目质量，确保国际项目高质量交付。

5.3.1 全过程质量控制

在5.2节中，我们介绍了如何构建质量保证体系，这为项目质量提供了多维度的保障。然而，要想从根本上确保项目质量，将质量把控落实到项目的每个细节中，仅仅只靠质量保证体系是不够的，还需要进行全过程质量控制。质量保证体系侧重于宏观层面的保障与优化，而全过程质量控制则是从微观角度，对项目从起始到交付的每一个阶段进行精雕细琢，二者相辅相成，共同致力于项目质量目标的达成。

全过程质量控制是一个系统工程，需要从项目启动的那一刻起，就将质量意识融入每一个行动中，直至项目交付后的质量回访。其核心在于对各个环节的精细化管理，确保项目沿着高质量的轨道稳步推进，而目标责任体系、过程监控、工序质量控制则是实现这一目标的关键要素。

　　建立目标责任体系是全过程质量控制的基础。在项目开始前，依据项目的整体质量目标，将其层层分解为各个阶段、各个岗位的具体质量目标。以桥梁建设项目为例，项目的总体质量目标是确保桥梁结构稳固，符合设计寿命及安全标准。基于此，设计团队负责提供科学合理的设计方案，明确各结构部件的参数及质量要求；施工团队则根据设计方案，将施工任务细化到不同施工小组，如桩基施工小组负责保证桩基础的深度、垂直度等参数符合设计要求，混凝土浇筑小组需确保混凝土的强度、浇筑工艺达到标准。每个岗位的人员都清楚自己的工作目标与质量责任，这就形成了一个从上到下、环环相扣的目标责任链条，使得质量控制有了明确的方向和责任人。

　　目标责任体系搭建完成后，过程监控通过实时跟踪项目进度、资源与质量指标，为全过程质量控制提供关键动态数据支持。在项目推进过程中，借助先进的信息技术手段，对项目的进度、资源使用、质量指标等进行实时跟踪。在大型电商平台开发项目中，通过项目管理软件，可实时监控代码编写进度、服务器资源占用情况以及软件测试的通过率等。一旦发现某个环节的进度滞后或质量指标出现异常，例如软件测试中发现某个功能模块的错误率超出预期，就可以及时发出预警。项目团队随即对问题进行深入分析，判断是由于技术难题、人员分工不合理还是其他原因导致，进而采取针对性的解决措施，如组织技术攻关小组、调整人员配置等，确保项目重回正轨。

　　工序质量控制通过对项目的每一道工序制定严格质量标准和检验流程，确保各工序质量符合要求，为项目整体质量奠定坚实基础。在电子产品制造项目中，从原材料的检验、零部件的加工到产品的组装和最终检测，每一道工序都有严格的质量标准和检验流程。例如，在芯片制造过程中，光刻工序对精度要求极高，稍有偏差就可能导致芯片性能受损。因此，操作人员需要严格按照工艺规范进行操作，并且在每完成一道工序后，都要进行严格的质量检测，只有前一道工序检测合格，才能进入下一道工序。通过这种层层把关的方式，将质量问题消灭在萌芽状态，确保最终产品的高质量。

　　目标责任体系明确了质量控制的方向和责任人，过程监控为项目提供了实时的运行状态反馈，工序质量控制则是对每一个细节的严格把控。它们相互关联、相互支撑，共同构成了全过程质量控制的坚实防线，确保项目的每个环节都符合质量要求，为项目的成功交付提供有力保障。

5.3.2　预防为主的质量控制方法

国际项目质量管理中最具经济效益和管理效率的方法是预防性控制。与事后检查和纠正相比，预防性质量控制能够有效降低质量成本，减少返工和修复带来的时间和资源浪费，同时还能提升项目团队的质量意识和管理水平。这种预防为主的管理理念要求项目团队将工作重点由问题发现转向问题预防，由被动应对转向主动管理。

国际项目的预防性质量控制工作需要从项目策划阶段就开始布局。项目经理应当通过深入的项目评估，识别可能存在的质量风险点。例如，在软件开发项目中，可以通过需求分析和架构评审，及早发现设计中的潜在问题；在产品研发项目中，通过原型测试和用户反馈，预先发现可能存在的功能缺陷；在工程建设项目中，则需要通过技术论证，识别施工难点和质量控制重点。

供应链的质量管理是预防性措施中的重要环节。项目管理团队需要建立完善的供应商管理体系，从源头上把控产品和服务质量。这包括对供应商资质和能力的严格评估，要求其提供完整的质量保证体系；对关键物资和服务进行过程监督，确保其持续符合项目要求。在国际项目中，还需要特别注意不同国家和地区的质量标准差异，确保供应商能够满足项目所在地的质量要求。

项目启动阶段的培训和交底工作对于预防质量问题具有重要作用。项目团队需要通过系统的培训，使所有参与者充分理解项目目标和质量要求。这种培训不能流于形式，而是要结合项目特点，重点说明质量控制的关键点和控制方法。在国际项目中，还需要注意克服语言和文化差异带来的沟通障碍，确保质量要求得到准确传达和理解。

在项目执行过程中，动态监控是确保质量的关键手段。项目经理需要建立多层次的质量检查机制，包括执行团队的自检、项目组的互检、质量部门的专检等。质量检查要注重过程控制，通过各种检测手段及时发现质量隐患。例如，在IT项目中，可以通过自动化测试工具实时监控代码质量；在制造项目中，需要通过质量检测设备监控产品性能指标；在服务项目中，则要通过用户反馈机制实时了解服务质量状况。

监控过程中获取的数据需要得到及时分析和应用。项目经理应当建立质量数据分析机制，通过统计分析方法掌握质量变化趋势，预测可能出现的质量问题。当发现质量指标异常时，要立即启动预警机制，采取预防措施。同时，要建立质量信息共享平台，确保质量控制经验能够在项目团队内部得到有效传播和应用。

外部环境变化对项目质量有重要影响，需要建立相应的风险预警机制。项目经理要密切关注政策法规、市场需求、技术发展等外部因素的变化，提前采取应对措施。在国际项目中，还需要特别关注项目所在地的政治环境、法律法规、文化习俗等因素的影响，确保项目质量管理措施能够适应当地环境。

质量预防工作还需要充分发挥专业人员的作用。项目管理团队应当配备具有丰富经验的质量管理专家，他们能够通过专业判断及时发现潜在的质量问题。同时，要建立专家咨询机制，在遇到复杂问题时，及时组织专家评审，提出预防和改进建议。

新技术的应用能够提高预防工作的效率。项目经理可以利用人工智能、大数据分析、物联网等技术实现对质量数据的实时监测和分析。通过建立智能化的质量管理平台，实现质量问题的早期预警和智能诊断，提升质量预防的效率和准确性。

为确保预防措施的有效性，还需要建立科学的评价机制。项目经理可以将质量预防工作纳入绩效考核体系，建立激励机制，鼓励团队成员主动参与质量预防工作。通过营造重视预防、持续改进的质量文化，推动预防性质量管理理念的深入实践，最终实现项目质量目标。

预防性质量控制代表着项目管理理念的重要转变，它体现了现代项目管理从"检查发现"向"预测预防"的深刻转型。这种转变不仅仅是管理方法的改进，更是管理思维的升级。在国际项目日益复杂的背景下，预防性质量控制正在从传统的技术工具应用，逐步发展成为一种系统的管理哲学。它要求项目团队以更开放和前瞻的视角看待质量管理，将质量意识融入项目管理的每个环节，形成主动预防、持续改进的良性循环。这种管理理念的转变，不仅能够提高项目质量管理的效率，更能够推动整个项目管理水平的提升，为项目的成功实施提供坚实保障。

5.3.3 质量控制技术保障

科学的质量控制方法需要配套的技术手段才能真正发挥作用。在国际项目管理实践中，技术保障已经成为质量控制体系的重要支柱，它不仅能够提高质量控制的精确度和效率，还能够为管理决策提供可靠的数据支持。

自动化监测技术在质量控制中发挥着越来越重要的作用。这种技术通过各类传感器和检测设备，实现对关键质量参数的实时监控。例如，在制造类项目中，自动化检测设备能够对产品的几何尺寸、物理性能等指标进行连续监测，及时发现异常；在软件开发项目中，自动化测试工具可以持续监控代码质量，快速定位潜在问题；在基础设施项目中，智能监测系统能够实时跟踪工程关键参数的变化。自动化监测不仅提高了检测效率，还极大地降低了人为误差，使质量控制更加客观和准确。

数字孪生技术为质量控制提供了新的视角和手段。通过建立实体对象的数字模型，项目团队能够在虚拟环境中模拟和预测质量问题。这项技术在复杂产品研发中特别有价值。例如，在新能源汽车开发项目中，数字孪生模型可以模拟各种工况下的性能表现，提前发现潜在质量隐患；在大型装备制造项目中，数字模型能够预测关键部件的使用寿命和可能的失效模式，指导预防性维护。

人工智能技术正在改变传统的质量控制模式。机器学习算法能够从海量质量数据中发现规律，预测可能出现的质量问题。在半导体制造项目中，AI系统能够通过分析生产参数预测产品良率；在客户服务项目中，智能系统可以通过自然语言处理技术分析客户反馈，及时发现服务质量问题；在设备维护项目中，人工智能可以通过分析设备运行数据，预判可能的故障。

大数据分析技术为质量控制提供了强大的决策支持。通过对历史数据的挖掘和分析，项目团队能够更好地理解质量问题的成因和发展趋势。这种分析不仅局限于项目内部数据，还可以整合行业数据和市场反馈。例如，通过分析客户投诉数据，可以识别出产品设计中的系统性问题；通过分析供应商表现数据，可以优化供应链质量管理策略；通过分析市场反馈数据，可以预测产品质量改进方向。

信息化管理平台是质量控制技术保障的重要基础。这种平台整合了质量管理的各个环节，实现了信息的实时共享和流程的自动化管理。在国际项目中，信息化平台特别重要，它能够打破地域限制，支持分布式团队的协同工作。质量检验数据的采集、传输和存储都可以在平台上完成，确保数据的及时性和准确性。同时，平台还具备强大的分析功能，能够生成各类质量报告，支持管理决策。

移动技术的应用使质量控制更加灵活和高效。通过移动应用程序，现场人员可以随时记录和上传质量检查数据，管理人员可以实时查看质量状况，作出快速响应。这种移动化的质量控制特别适合跨地域的国际项目，能够有效提升团队的协作效率。

区块链技术为质量数据的可信传递提供了新的解决方案。在国际项目中，质量数据往往需要在多个利益相关方之间传递和共享。区块链的去中心化和不可篡改特性，确保了质量记录的真实性和可追溯性。这对于需要严格质量认证的项目特别重要，如医疗器械研发或食品安全项目。

云计算技术为质量控制提供了强大的计算能力和存储能力。复杂的质量分析模型和海量的质量数据都可以在云平台上运行和存储。这不仅降低了技术基础设施的投入，还提供了更好的可扩展性，使项目团队能够根据需要灵活调整资源配置。

技术保障体系的构建需要综合考虑项目特点和实际需求。不同类型的项目对技术保障的需求不同，项目团队需要根据具体情况选择合适的技术组合。在选择技术方案时，要考虑技术的成熟度、使用成本、维护难度等因素，确保技术投入能够带来实际效益。同时，还要注意技术之间的兼容性和集成性，构建一个协调统一的技术保障体系。

预防性质量控制方法与技术保障手段相辅相成，共同构成了现代项目质量管理的核心支柱。通过技术手段的不断创新和应用，质量控制正在变得更加智能化、精准化和系统化。这种转变不仅提升了质量管理的效能，也推动着项目管理模式的持续革新，为项目质量目标的实现提供了更加可靠的保障。

5.3.4　质量评估与优化策略

在完善质量控制技术保障体系的基础上，还需要建立系统的质量评估机制并制定相应的优化策略。质量评估不仅是对项目执行状况的一次性检查，更是一个持续的、动态的过程。通过定期的质量评估，项目团队能够及时发现质量管理中存在的问题和潜在风险，为后续的优化工作提供明确的方向指导。高质量的评估工作需要选择合适的评估方法，建立科学的评估指标体系，并保证评估过程的客观性和可追溯性。

模糊综合评价法[8]是一种广泛应用于项目质量评估的科学方法。这种方法的核心优势在于能够有效处理评估过程中的模糊性和不确定性问题。在实际应用中，模糊综合评价法首先需要构建完整的评价指标体系，这个体系应当涵盖项目质量的各个关键维度。以软件开发项目为例，评价指标可以包括代码质量（代码规范性、注释完整性、代码可维护性等）、技术性能（响应时间、并发处理能力、系统稳定性等）、安全性能（数据安全性、访问控制有效性、漏洞防范等）、用户体验（界面友好性、操作便捷性、功能完整性等）等多个方面。在确定评价指标后，需要通过专家打分或历史数据分析等方式确定各指标的权重，然后利用模糊数学原理进行综合计算，最终得出项目质量的整体评价结果。

层次分析法则提供了另一种系统化的评估思路。这种方法的特点是通过层次分解的方式，将复杂的评估问题分解为若干个层次和要素，使评估过程更加条理化和系统化。在建筑工程项目中，层次分析法可以将质量评估分解为结构安全性、施工工艺、材料质量、外观效果等多个层次，每个层次下又可以细分为具体的评估要素。通过对不同层次和要素进行两两比较，计算权重系数，最终得出综合评价结果。这种方法特别适合那些具有明显层次结构特征的项目，能够帮助评估团队更好地把握项目质量的整体情况。

基于评估结果的优化工作是质量管理中的关键环节。优化措施的制定需要建立在对评估结果深入分析的基础上，要找出质量问题背后的根本原因。这个过程中可以运用因果分析、根本原因分析等工具，确保优化措施能够真正触及问题本质。例如，如果评估发现某个生产环节的产品合格率偏低，需要分析是否存在工艺参数不合理、操作人员技能不足、设备维护不到位等深层次原因。优化措施的制定应当遵循具体性、可行性和效益性原则。具体性是指措施要明确具体，避免笼统的表述；可行性是指要充分考虑项目的实际情况和资源约束；效益性则要求优化措施能够在合理的成本投入下取得预期的改进效果。

在实施优化措施的过程中，需要建立有效的监控机制，及时跟踪措施的执行情况和效果。这种监控不应局限于结果的考核，还要关注过程中的执行偏差和新出现的问题。例如，在实施工艺改进措施时，除了关注最终的产品质量指标，还要监控改进过程中的各个关键节点，确保改进措施能够按计划推进。如果发现优化效果不及预期，要及时分析原因并调整优化策略。这种动态调整机制能够确保质量改进工作始终保持正确的方向。

在一些规模较大或者技术较为复杂的国际项目中，质量评估与优化往往需要采用迭代的方式进行。通过多轮的评估和优化，逐步提升项目质量水平。在每一轮迭代中，都要认真总结经验教训，不断完善评估方法和优化策略。这种持续改进的方式虽然过程较为复杂，但能够确保项目质量得到稳步提升。同时，质量评估与优化的经验和数据也应当及时总结和归档，为后续项目提供有价值的参考。

6　国际项目风险管理

在国际项目的开展与推进中，风险因素广泛存在且错综复杂，对项目的顺利开展构成潜在挑战。本章将聚焦国际项目风险管理，从阐释风险的定义、特征与类型出发，引领读者明晰风险根源。继而深入风险识别、评估、应对及监控全流程，介绍实用方法、策略与措施，助力读者精准洞察风险，科学制定应对方案，持续监控风险动态，全方位筑牢项目安全防线，为国际项目的成功实施提供关键指引。

6.1　风险的概念

国际项目因涉及多国合作，面临复杂的政治、经济、文化和法律环境，故其运作过程充满不确定性。风险管理是保障国际项目顺利开展的关键环节。本节将深入分析国际项目风险，从定义、特征，到常见风险类型及应对策略，全方位阐述如何有效识别、评估与应对这些风险，为项目的成功实施筑牢根基。

6.1.1　国际项目风险的定义

在全球化背景下，国际项目的开展使企业面临着比国内项目更为复杂的风险环境。国际项目风险是指在跨国项目实施过程中，由于项目环境的特殊性和复杂性，可能对项目目标实现产生积极或消极影响的不确定性事件或条件。这种不确定性既包括可能带来的潜在损失，也包括可能出现的发展机遇。风险的本质是不确定性，而在国际项目中，由于涉及多个国家和地区，这种不确定性较之一般项目表现得更为突出。

国际项目风险的产生具有其深层次的原因，这些原因可以分为外因和内因两个方面。外部原因主要来源于项目所处的国际环境，这种环境具有高度的复杂性和不确定性。首先是政治环境因素，东道国的政治稳定性、政府政策的连续性以及国际政治关系的变化都可能对项目产生重大影响。其次是经济环境因素，包括东道国的经济发展水平、通货膨胀率、外汇管制政策等，这些因素直接影响项目的成本控制和收益实现。再次是法律环境因素，不同国家的法律体系、监管要求以及合同执行机制的差异，增加了项目合规管理的难度。此外，自然环境因素如气候条件、地理特征等，也会给项目实施带来不确定性。还有文化环境因素，不同国家的文化传统、价值观念、商业习惯等差异，可能导致项目利益相关方之间的沟通障碍和理解偏差。

内部原因则主要源于项目自身的特点和管理能力的局限性。从项目特点来看，国际项目往往具有投资规模大、建设周期长、技术要求高等特征，这些特征本身就增加了项目的不确定性。项目管理能力方面，许多企业在跨国经营经验、风险管理水平、国际化人才储备等方面存在不足。具体而言，首先是企业国际化经验的缺乏，对东道国市场环境和商业规则的了解不够深入，容易在项目决策和实施过程中出现判断失误。其次是跨文化管理能力的不足，难以有效处理多元文化背景下的团队协作和沟通问题。再次是风险识别和评估能力的局限，企业可能无法及时发现和准确评估各类风险因素。此外，企业的资金实力、技术水平、人才储备等方面的不足，也会增加项目风险。

国际项目风险的外因和内因并非相互独立的，而是存在密切的关联和相互作用。外部环境的变化会对项目内部管理提出新的挑战，而内部能力的局限又可能加剧外部风险的影响。例如，东道国政策的变化（外因）可能对项目造成影响，而企业是否能够及时应对这种变化，很大程度上取决于其风险管理能力和应变能力（内因）。因此，在实际的项目管理中，需要同时关注风险的外因和内因，采取综合性的风险管理措施。

深入理解国际项目风险的定义及其产生原因，对于提升企业的风险管理能力具有重要意义。这种理解不仅有助于企业更准确地识别和评估各类风险，还能为制定有效的风险应对策略提供理论指导。同时，通过分析风险的内外成因，企业可以更有针对性地加强自身能力建设，完善风险管理体系，从而更好地应对国际项目面临的各种挑战。

6.1.2 国际项目风险的特征

项目风险管理是项目管理中的重要组成部分，而在国际项目中，风险管理的重要性更加凸显。国际项目风险是指在国际项目开展过程中，由于项目所处的特殊环境和复杂因素的影响，可能对项目目标的实现造成积极或消极影响的不确定性事件或条件。这种不确定性不仅包含了一般项目风险所具有的技术风险、管理风险等基本要素，还特别强调了跨国经营环境带来的特殊风险因素。

从风险的本质特征来看，国际项目风险具有多维性、动态性和关联性等特点。多维性体现在风险来源的多样化，包括项目所在国的政治环境、经济状况、法律法规、文化差异等多个维度。例如，在某些政治环境不稳定的国家开展项目时，可能面临政府更迭导致的政策变化风险，或者由于文化差异导致的沟通障碍和管理冲突。动态性则反映了国际项目风险会随着时间推移和环境变化而发生改变，这要求项目管理团队必须持续关注风险状态的变化。一个典型的例子是汇率风险，它会随着国际金融市场的波动而不断变化，对项目的成本控制和收益预期产生直接影响。关联性表现为各类风险之间存在相互影响和传导效应，一个领域的风险可能会引发连锁反应，导致其他领域出现新的风险。

国际项目风险与国内项目风险相比，具有其独有的特征。首先是风险的复杂程度更高，这主要源于跨国经营环境的复杂性。在国际项目中，项目团队需要同时应对来自多个国家的各种规范和要求，协调处理不同利益相关方的诉求。其次是风险的影响范围更广，一旦风险事件发生，可能会波及多个国家或地区的相关方。例如，在跨国基础设施建设项目中，一个环节的延误可能会影响到多个国家的工程进度和资源调配。再次是风险的不确定性更强，这与国际环境的多变性直接相关。国际政治经济形势的变化、贸易政策的调整、跨文化因素的影响等，都会增加项目风险的不确定性。

此外，国际项目风险还具有累积性和滞后性的特点。累积性指的是各种微小的风险因素可能随着时间推移而逐渐积累，最终导致重大风险事件的发生。例如，在跨国技术转让项目中，知识产权保护的细微漏洞可能会随着项目进展而逐步显现，最终造成重大损失。滞后性则表现为某些风险的影响可能不会立即显现，而是在一段时间后才会暴露出来。这种特点使得风险的早期识别和预警变得尤为重要。

深入理解国际项目风险的定义和特征，对于制定有效的风险应对策略具有重要意义。它不仅有助于项目管理团队准确识别和评估各类风险，还能为后续的风险防范和控制工作提供理论指导。同时，这种理解也是建立系统化风险管理体系的基础，能够帮助项目团队更好地应对国际项目中的各种挑战。

6.1.3 国际项目风险的类型与应对策略

由于国际项目通常涉及多个国家，外部环境复杂，因此在国际项目的运作过程中，往往会面临着很多风险挑战。接下来，本节将分别介绍国际项目中的几种常见风险及其应对策略。

技术风险是国际项目中最基础的风险类型之一，其影响贯穿项目的整个生命周期。技术风险主要表现为技术难题的突破、设备运行的可靠性以及技术水平与项目需求的匹配度等方面。在大型国际工程项目中，技术风险尤为突出，特别是在涉及新技术应用或跨领域技术整合时，如高铁项目中的信号系统集成或核电站的安全控制系统等。

针对技术风险，企业需要采取全面的应对策略。其中首要的是开展深入的技术可行性评估，这包括对核心技术的成熟度评估、技术路线的比较分析以及技术整合的风险评估等。以国际核电站建设项目为例，项目团队需要对反应堆技术、安全控制系统、废物处理技术等关键技术领域进行系统评估，确保技术方案的可靠性和安全性。这种评估不仅要考虑技术本身的成熟度，还要考虑技术在不同环境下的适应性。技术可行性评估的优势在于能够在项目早期发现潜在的技术风险，为项目决策提供科学依据。

建立技术备份方案是应对技术风险的另一个重要策略。这包括准备替代性技术方案和建立技术专家支持网络。在大型国际工程项目中，关键技术环节往往需要准备多套备选方案。例如，在跨境输电项目中，可能需要针对不同地理环境和气候条件准备不同的输电技术方案。同时，建立由国内外专家组成的技术支持网络，可以在遇到技术难题时提供及时的专业支持。技术备份方案的优势在于提高了项目的技术韧性，即使主要技术方案遇到问题，也能够及时启动替代方案，避免项目陷入停滞。

加强技术团队的培训和能力建设是降低技术风险的长效机制。这包括定期的技术培训、实战演练和知识共享活动。在国际项目中，技术培训不仅要注重专业技能的提升，还要关注跨文化技术合作能力的培养。以"一带一路"标志性工程——中老铁路建设项目为例，该项目由中国、老挝两国团队共同建设，面临复杂的地质条件和严格的技术标准要求。项目团队建立了"三位一体"的技术培训体系：定期组织中国铁路技术专家与老方技术人员开展跨国技术研讨会，重点解决热带雨林地区铁路建设的技术难题；开发了中老双语在线学习平台，提供轨道工程、桥梁隧道等专业课程；建立现场实训基地，开展铁路施工技术实战演练。同时，项目组创建了技术知识管理系统，将中国高铁建设经验与当地特殊工况下的创新解决方案进行系统化整理，形成可复用的技术知识库。这种能力建设机制确保了项目团队成功攻克了琅勃拉邦特大桥等复杂工程的技术难关，不仅培养了一支具备国际视野的技术团队，更为后续中老铁路的运营维护储备了专业技术人才，实现了技术能力的可持续发展。

管理风险是国际项目风险中另一个不容忽视的重要方面。国际项目由于其跨国界、跨文化的特点，管理的复杂度远超一般项目。项目管理的失效可能导致资源配置不当、进度延误、成本超支等一系列问题。应对管理风险需要建立系统化的项目管理体系。首先，采用国际通用的项目管理方法论，如PMBOK指南或PRINCE2框架，可以为项目管理提供标准化的流程和工具。在实际操作中，项目团队需要根据具体情况对这些方法进行适当调整和本地化。例如，在国际工程项目中，可以基于PMBOK框架，结合当地的工程管理实践，制定适合项目特点的管理制度和工作流程。这种标准化管理的优势在于可以提高项目管理的规范性和可控性，降低管理失误的风险。

建立有效的项目沟通机制是应对管理风险的关键策略。这包括建立多层次的沟通渠道、规范化的报告制度以及灵活的沟通方式。在国际项目中，可以采用定期视频会议、在线协作平台、即时通信工具等多种方式保持团队之间的沟通。例如，在跨国软件开发项目中，可以使用JIRA等项目管理工具进行任务分配和进度追踪，使用Slack等即时通信工具进行日常沟通，通过每日站会和周度回顾会议保持团队同步。这种多层次的沟通机制的优势在于可以确保信息的及时传递和有效共享，减少因沟通不畅导致的项目延误。

跨文化管理是国际项目管理风险中一个特殊而重要的方面。文化差异可能导致工作方式的冲突、沟通障碍和团队协作效率低下。为此，需要实施系统的跨文化管理策略，提供跨文化培训，帮助团队成员了解不同文化背景下的工作习惯和沟通方式。以中国交建承建的肯尼亚蒙内铁路项目为例，该项目涉及中肯两国超过3000名员工，文化差异显著。为解决跨国际、跨文化带来的影响，项目组首先建立了系统的跨文化培训体系，邀请当地文化专家为中方员工讲解东非文化特点，包括斯瓦希里文化中的等级观念、时间观念和决策方式；同时为肯方员工开设中国文化工作坊，介绍中国的集体主义文化和项目管理方式。其次，项目组创新性地建立了"文化融合官"制度，选拔熟悉中肯文化的员工作为文化协调人，及时化解文化误解。这种系统的跨文化管理策略取得了显著成效，项目团队成功克服了文化差异带来的挑战，确保了蒙内铁路提前完工并投入运营，成为中非基础设施合作的典范。这种管理经验随后被推广应用到内马铁路等后续项目中，形成了可复制的跨文化管理模式。

市场风险是国际项目面临的又一大挑战。不同国家的市场环境、法律法规和商业规则存在显著差异，这种差异可能对项目的合规性和运营效果产生重大影响。市场风险的防范首先需要开展全面的市场调研和分析。这包括对目标市场的政治环境、经济状况、法律法规、行业政策等方面进行深入研究。例如，在开展海外房地产开发项目时，需要详细了解当地的土地政策、建筑规范、环保要求等。市场调研的优势在于可以帮助企业准确把握市场特点，制定适合的市场策略。

建立本地化的市场适应策略是应对市场风险的重要手段。这包括产品或服务的本地化调整、营销策略的本地化以及运营模式的本地化。以国际汽车制造项目为例，需要根据当地市场的消费习惯和使用环境对产品进行相应调整，如针对不同地区的气候特点调整车辆的制冷系统设计。同时，营销策略也需要考虑当地文化特点和消费者偏好。本地化战略的优势在于可以提高产品或服务在目标市场的接受度，增强市场竞争力。

市场监管合规是防范市场风险的另一个关键领域。这需要建立专门的合规管理体系，包括合规风险识别、评估和控制机制。例如，在国际金融项目中，需要特别关注反洗钱、反恐融资等监管要求，建立相应的合规管理制度和操作流程。同时，要保持对市场监管政策变化的持续跟踪，及时调整合规管理措施。合规管理的优势在于可以避免因违规操作带来的法律风险和声誉损失。

合同风险在国际项目中具有特殊的重要性。国际项目合同往往涉及多个法律体系，合同条款的制定和执行都需要特别谨慎。应对合同风险首先需要在合同签订阶段做好充分准备。这包括详细的合同条款设计、风险分担机制的建立以及争议解决方式的约定。例如，在国际工程承包项目中，需要明确规定工程质量标准、验收程序、付款条件等关键条款，并考虑不可抗力等特殊情况的处理方式。合同谈判阶段要充分考虑各方利益，合理分配风险和责任。这种详细的合同准备工作的优势在于可以减少后期合同执行中的争议。

建立争议预防和解决机制是管理合同风险的重要策略。这包括建立常态化的沟通机制、定期的合同履约评估以及灵活的争议调解程序。在项目执行过程中，可以通过定期的合同执行情况回顾会议，及时发现和解决潜在的争议。对于已经发生的争议，可以通过协商、调解等方式进行友好解决。在合同中约定仲裁条款，选择合适的仲裁机构，也是有效的争议解决保障。这种多层次的争议解决机制的优势在于可以降低争议处理的成本和时间。

国际项目中的各类风险往往是相互关联的，这要求企业建立整体性的风险管理体系。这包括风险识别、评估、应对和监控的完整流程。通过定期的风险评估会议、风险预警系统的建立、应急预案的制定等措施，可以实现对各类风险的系统化管理。同时，要注意建立经验总结和知识管理机制，将风险管理经验转化为组织知识，持续提升风险管理能力。这种系统化的风险管理方法的优势在于可以实现风险的早期发现和有效控制，确保项目的顺利实施。

6.2　风险识别

在国际项目风险管理中，风险识别是最基础也是最关键的环节，只有先准确地识别出国际项目中可能存在的风险，才可能规避这些风险。本节将详细介绍风险识别所包含的主要步骤，以及一些常用且有效的风险识别方法，帮助项目经理提升风险识别能力。

6.2.1　风险识别的过程

风险识别是国际项目风险管理中的首要环节，其科学性和准确性直接影响后续风险应对措施的有效性。高质量的风险识别工作能够帮助项目经理及早发现潜在风险，为风险防范赢得宝贵的时间。科学的风险识别过程应当是系统化、标准化的，需要项目经理按照既定的程序和方法，逐步推进风险识别工作。

风险识别过程的第一个阶段是观察与分析。在这个阶段，项目经理需要通过多样化的信息收集手段，对项目环境进行全面观察。这包括审查项目文档、分析历史数据、开展实地调研、进行专家访谈等多种方式。例如，在国际工程项目中，团队可能需要研究东道国的政治经济环境、分析类似项目的历史案例、调研当地市场条件等。这些观察活动不是简单的资料收集，而是带有明确目的的系统分析过程。在观察过程中，项目团队需要特别关注那些可能预示风险的异常信号或变化趋势。这些信号可能来自项目内部，如团队成员的反馈、进度报告的异常等；也可能来自外部环境，如市场政策的变化、竞争对手的动向等。

在初步观察的基础上，项目经理需要对收集到的信息进行深入分析，筛选出值得重点关注的可疑征兆。这个筛选过程需要运用专业知识和经验判断，将那些可能与项目风险相关的信号从大量信息中甄别出来。例如，在跨境并购项目中，目标公司的财务指标波动、关键人员变动、市场份额变化等都可能是潜在风险的预警信号。项目经理需要建立系统的筛选标准，确保不会遗漏重要的风险信号。

基于筛选出的可疑征兆，项目经理进入假设推理阶段。这个阶段的核心任务是针对观察到的异常现象提出合理的解释假设。假设的提出需要基于团队成员的专业知识和项目经验，同时也要考虑项目的具体背景和环境因素。例如，如果发现项目进度持续落后于计划，项目经理可能会提出多个假设：是否是资源配置不足、技术难度被低估、团队协作效率不高等。这些假设需要具有合理性和可验证性，为后续的分析工作提供方向。

在提出假设后，项目经理需要通过持续的监测和深入调查来验证这些假设。这个过程需要设计具体的验证方案，确定需要收集的数据类型和验证方法。例如，为了验证进度延迟是否与资源配置相关，项目团队可能需要详细记录各类资源的使用情况，分析资源使用效率，评估资源供需矛盾等。验证过程应当客观严谨，避免主观判断带来的偏差。

随着验证工作的深入，一些最初的假设可能被证实是不成立的，项目经理需要及时排除这些不相关因素。这个排除过程不是简单的否定，而是需要有充分的证据支持。同时，对于那些得到初步验证的假设，还需要进行更深入的分析，以确定这些因素与风险之间的具体关联性。这种分析可能需要运用定量和定性相结合的方法，综合考虑各种影响因素。

在排除不相关因素的同时，项目经理需要不断深化对剩余假设的验证工作。这个过程往往需要多轮循环，每一轮都会基于新的信息和发现对假设进行修正和完善。例如，在验证过程中可能发现新的风险信号，或者发现原有假设需要调整。这种循环迭代的过程有助于逐步提高风险识别的准确性。

最终，通过多轮验证和分析，项目经理能够锁定风险的确切原因。这个阶段不仅要明确风险的存在，还要清楚地认识风险产生的机制和可能的影响路径。这种深入的理解对于后续制定有效的风险应对策略至关重要。例如，在确定了进度延迟的具体原因后，团队就能够有针对性地制定改进措施，如调整资源配置方案、优化工作流程等。

风险识别是一个持续的过程，需要在项目全生命周期中保持警觉。项目经理应当建立常态化的风险监测机制，定期更新风险识别结果，及时发现新的风险因素。同时，风险识别的经验和教训应当及时总结，转化为组织知识，用于提升团队的风险识别能力。这种系统化、动态化的风险识别方法，能够为项目的顺利实施提供有力的保障。

6.2.2　风险识别的方法

在国际项目风险管理中，精准识别风险是有效管控风险的首要前提。只有提前察觉潜在风险，项目经理才能制定出有针对性的应对策略，保障项目顺利推进。接下来，本节将介绍几种常用且有效的国际项目风险识别方法，帮助项目经理敏锐地发现国际项目中可能存在的潜在风险。

头脑风暴法是一种通过集体讨论激发团队成员创意的方法。实施时，项目团队成员围绕即将进行的项目可能面临的风险自由发言。比如在跨国基础设施建设项目中，成员可能提出当地政策变动导致项目审批受阻，或者不同国家施工标准差异带来技术难题等风险。该方法的优势在于能充分调动团队成员的积极性，快速收集大量风险因素。但它也存在不足，讨论可能过于发散，难以聚焦关键风险，并且团队中若有权威人物，可能影响其他成员真实表达想法。头脑风暴法适用于创新性强、涉及领域广、需要集思广益的国际项目。但对于时间紧迫、需要快速得出结论的小型国际项目，头脑风暴法可能就不太适合。比如对于一个短期的国际市场调研项目，采用头脑风暴法可能会因为讨论耗时过长而影响项目进度。

流程图法是通过绘制项目流程图，梳理从启动到结束的各个环节，直观地分析每个环节可能存在的潜在风险。以国际软件开发项目为例，该项目涵盖需求分析、设计、编码、测试、上线运维等多个关键环节。项目经理若使用流程图法，对每个环节进行细致分析，便能从中识别出可能存在的潜在风险。比如，在编码阶段，可能出现代码质量、编码规范问题；在最后的上线运维阶段，则可能出现服务器故障、网络安全等问题。流程图法的优点是直观清晰，便于项目经理全面了解项目流程，精准定位风险。但缺点是对绘制者专业能力要求高，流程图若绘制不全面，可能遗漏部分风险。这种方法适用于流程性强、环节明确的国际项目。但对于一些创新性艺术创作类国际项目，如国际联合艺术展览项目，其过程充满不确定性和即兴发挥，没有固定清晰的流程，使用流程图法可能不太容易准确地梳理和识别风险。

情景分析法是通过设定不同假设情景，模拟项目在不同情况下的发展，以此帮助项目经理能更好地应对可能的突发状况、识别可能存在的风险。比如在国际能源合作项目中，项目经理可以分别设定国际油价大幅上涨、供应国局势动荡等情景，分析项目可能面临成本剧增、运输受阻等风险。情景分析法能让项目经理提前考虑国际项目中可能出现的各种极端情况，做好应对准备。但不足之处在于，假设情景的设定需要丰富的经验和对市场的深入了解，否则可能脱离实际。因此情景分析法适用于受外部环境影响较大、不确定性高的国际项目。但对于一些流程固定、结果可预测性强的国际制造加工项目，如按照固定工艺生产标准化零部件的国际合作项目，由于其生产过程和外部影响因素相对稳定，采用情景分析法进行风险识别会显得过于复杂，且收益不大。

在国际项目实际推进过程中，这些风险识别方法没有绝对的优劣之分。项目经理应综合考虑项目规模、行业领域、外部环境、团队构成等因素，灵活选择最适合本项目需求的方法。只有选择最合适的风险识别方法，才能真正做到有效识别项目中的潜在风险，防患于未然。

6.3　风险评估

当潜在的项目风险被识别后，如何科学、准确地评判其严重程度与影响范围，就成了国际项目风险管理的下一个关键任务。本节将围绕风险评估展开，深入剖析风险评估的全流程，详解评估所依据的关键指标，并介绍多种实用的风险评估方法，助力项目经理全面掌握风险评估技能，为后续风险应对策略的制定提供坚实依据。

6.3.1　风险评估的过程

在完成风险识别工作后，项目经理需要组织项目团队对已识别的风险进行系统的评估。风险评估是一个复杂的分析过程，需要运用科学的方法对风险进行定性和定量的分析。项目经理首先需要评估每个已识别风险发生的概率。这种评估通常需要结合历史数据、专家经验以及当前项目的具体环境来进行判断。比如，在评估核心开发人员离职风险时，项目经理需要考虑当前行业人才流动情况、公司薪资水平的市场竞争力、团队成员的工作满意度等多个因素。评估团队通常将风险发生的概率划分为高、中、低3个等级，其中高概率通常表示在项目周期内发生的可能性超过70%，中等概率表示发生的可能性在30%~70%，而低概率则表示发生的可能性低于30%。在实际操作中，项目经理往往会召集技术负责人、业务分析师等关键岗位的人员召开专家评审会议，通过德尔菲法[9]等方法收集和综合各方意见。德尔菲法是一种结构化的专家判断方法，其核心特点是通过匿名方式进行多轮意见收集和反馈。在使用德尔菲法评估风险时，项目经理首先会向每位专家分发风险评估表，请他们独立填写对风险发生概率的判断及其理由。随后，项目经理会汇总这些意见，形成一份匿名的意见综述，并再次分发给所有专家。专家们可以看到其他人的观点，但不知道这些观点来自谁，这样可以避免某些专家的权威性影响其他人的判断。通过这种方式反复进行2~3轮，最终形成一个较为一致的评估结果。

在确定风险发生概率的基础上，项目经理需要继续深入分析每个风险一旦发生可能造成的影响。以软件开发项目中核心开发人员离职这个风险为例，项目经理需要评估这可能对项目进度造成多大的延误、是否会导致项目成本超支、是否会影响开发质量、是否会影响团队士气等多个方面。评估团队通常采用高、中、低3个等级来衡量风险影响的程度。高度影响通常意味着风险一旦发生将导致项目重要目标无法实现，例如核心开发人员离职可能导致项目延期3个月以上。中度影响表示会对项目目标造成显著但可控的影响，比如某个技术方案存在缺陷可能导致系统性能下降20%。低度影响则表示对项目目标的影响较小，比如某个非关键功能模块的开发延期1周。项目经理在评估风险影响时，特别需要考虑风险的连锁反应。例如，客户需求频繁变更不仅会直接影响项目进度，还可能导致团队成员工作压力增大，进而引发人员离职风险，最终对项目造成更大的负面影响。

通过风险发生概率和影响程度的评估，项目经理可以建立风险优先级排序矩阵。这个矩阵将帮助确定每个风险的严重程度，从而合理分配项目资源。例如，如果发现某个技术方案存在重大缺陷，其发生概率为80%（高），且一旦发生将导致系统无法满足性能要求（高影响），那么这个风险就应该被列为最高优先级。项目经理需要立即组织技术团队进行方案优化，可能需要投入额外的技术资源或寻求外部专家支持。而对于一些中等优先级的风险，如某个功能模块的开发可能延期（中等概率）但影响范围有限（低影响），项目经理可以通过调整开发计划或增加适度的缓冲时间来应对。对于那些既低概率又低影响的风险，如非关键功能的小bug，项目经理可以将其列入日常监控清单，在例行项目会议中跟踪状态即可。这种基于优先级的风险管理方法可以确保项目资源得到最优配置，使项目经理能够将主要精力放在处理那些可能严重影响项目目标实现的关键风险上。

风险评估过程的科学性和系统性直接影响着项目风险管理的效果。项目经理在进行风险评估时，不仅要注意评估方法的选择和运用，更要重视评估过程中的信息收集和分析。特别是在当今复杂多变的项目环境中，单一维度的风险评估已经无法满足项目管理的需要。项目经理需要建立动态的风险评估机制，定期重新评估风险发生的概率和潜在影响，及时调整风险优先级，确保风险评估结果始终反映项目的实际情况。同时，风险评估的结果应该得到项目相关方的认可和支持，这样才能确保后续的风险应对措施得到有效实施。通过建立完善的风险评估体系，项目经理才能在充满不确定性的项目环境中，为国际项目的成功实施保驾护航。

6.3.2 风险评估的指标

在完成风险识别并建立风险评估的基本流程后，项目经理需要依据科学的指标体系来进行具体的评估工作。风险评估指标是衡量和判断风险的重要依据，它直接影响评估结果的准确性和可靠性。一个完善的风险评估指标体系应该既能反映风险的客观属性，又能体现项目团队应对风险的主观能力。基于这样的考虑，国际项目管理实践中逐渐形成了5个核心评估指标，这些指标从不同角度对风险进行度量和评价，共同构成了风险评估的基础框架。

风险发生的可能性是风险评估中最基础的指标，它反映了风险在项目生命周期中出现的概率。项目经理在评估这一指标时，需要综合考虑项目的内外部环境、历史数据和专家经验。例如，在评估供应商无法按时交付关键设备的风险时，项目经理需要分析供应商的历史履约情况、当前的生产能力、市场供需状况等因素。通过对这些因素的综合分析，可以得出一个相对客观的概率评估。在实践中，项目经理往往会建立详细的评估量表，将风险发生的可能性划分为不同等级，并为每个等级制定明确的判断标准。

风险后果的危害性指标衡量的是风险一旦发生将给项目带来的负面影响程

度。这个指标需要从多个维度进行评估，包括对项目目标的影响、对项目干系人的影响、对公司声誉的影响等。以IT项目中的系统安全风险为例，如果核心系统遭受黑客攻击，不仅会导致系统暂时瘫痪，还可能造成客户数据泄露、公司声誉受损、面临法律诉讼等一系列严重后果。项目经理在评估危害性时，需要考虑直接损失和间接损失，同时还要评估损失的可恢复程度。

对风险的预测能力这一指标反映了项目团队发现和预警风险的能力水平。这个指标的评估需要考虑项目团队的经验和专业素质、现有的风险监控手段、预警系统的完善程度等因素。例如，在评估技术创新项目中的技术风险时，如果项目团队具有丰富的相关技术经验，且建立了完善的技术评审机制，那么预测能力就较强。反之，如果团队缺乏相关经验，或者没有建立有效的风险监控机制，预测能力就较弱。项目经理需要根据预测能力的强弱，相应调整风险应对策略。

风险发生的时间段指标关注的是风险可能出现的时间范围。这个指标对于项目规划和资源配置具有重要的指导意义。例如，在建筑项目中，地基施工阶段的地质风险和装修阶段的材料风险显然具有不同的时间特征。项目经理需要结合项目进度计划，明确识别每个风险可能发生的时间窗口，这样才能制定有针对性的预防措施。同时，还需要评估风险持续的时间，因为有些风险可能是瞬时的，而有些风险则可能持续较长时间。

对风险的承受能力是衡量项目团队和组织是否有能力应对特定风险的重要指标。这个指标需要考虑项目的预算储备、技术储备、人力资源储备等多个方面。例如，在评估成本超支风险时，项目经理需要明确项目的成本缓冲有多少，公司是否有能力提供额外资金支持。在评估技术风险时，则需要考虑团队的技术能力、是否有可用的替代方案、是否能够获得外部技术支持等。风险承受能力的评估结果直接影响着风险应对策略的选择。

在项目风险管理中，这5个评估指标相互关联，共同构成了一个立体的风险评估框架。项目经理需要认识到，这些指标不是静态的，而是会随着项目环境的变化而动态调整。随着项目的推进，团队的经验积累和能力提升，对风险的预测能力和承受能力可能会增强；同时，新的风险可能出现，原有风险的可能性和危害性也可能发生变化。因此，项目经理需要建立定期评估机制，持续监控和更新这些指标的评估结果，确保风险管理措施始终保持有效性。此外，项目经理还要注意这些指标之间的相互作用，综合考虑各个指标，才能作出准确的风险评估判断，为后续的风险应对决策提供可靠的依据。

6.3.3 风险评估的方法

在确定了风险评估的指标后，选择合适的评估方法对于准确评估项目风险至关重要。不同的评估方法有其独特的应用场景和价值，项目经理需要根据项目特点和实际需求选择最适合的评估方法。

风险综合评估法是一种将定性分析和定量分析相结合的评估方法。这种方法首先对风险因素进行定性分析，确定风险的类型和特征，然后通过建立数学模型进行定量分析，最终得出综合评估结果。例如，在评估一个跨国工程项目的政治风险时，项目经理首先需要分析东道国的政治环境、法律法规、社会文化等定性因素，然后将这些因素量化为具体的评分指标。通过设定权重，将各个指标的得分进行加权计算，最终得出风险的综合评估值。这种方法的优势在于能够将复杂的风险因素转化为可度量的指标，评估结果直观且易于比较。然而，其局限性在于指标的选择和权重的确定往往带有主观性，可能影响评估结果的客观性。这种方法特别适用于复杂的大型国际项目，如跨国基础设施建设项目，因为这类项目往往涉及多个风险维度，需要综合考虑各种因素。

风险分析概率树是一种图形化的风险分析工具，通过树状结构展示风险事件的发生概率和可能的结果。这种方法从一个初始事件开始，通过分支展示各种可能的发展路径和结果。每个分支都标注相应的条件概率，通过计算可以得出特定结果发生的总体概率。以国际贸易项目为例，项目经理可以使用概率树分析货物运输风险：首先确定起点（如货物装运），然后分析可能遇到的各种情况（如天气状况、运输延误、货物损坏等），为每种情况分配概率，最终计算出不同结果的发生概率。这种方法的优点是直观清晰，能够帮助项目团队理解风险事件之间的因果关系和相互影响。但其缺点是当情况复杂时，树状图可能变得非常庞大，难以管理。这种方法特别适用于具有清晰因果关系链的项目，如国际物流项目或产品研发项目。

阶段性风险分析是一种按照项目生命周期各个阶段分别进行风险评估的方法。这种方法认识到不同项目阶段面临的风险类型和特征是不同的，因此需要针对每个阶段制定相应的评估标准和方法。例如，在一个国际能源开发项目中，勘探阶段主要关注技术风险和资源风险，开发阶段则需要重点评估工程风险和环境风险，运营阶段则更多考虑市场风险和管理风险。项目经理需要根据每个阶段的特点，选择适当的评估工具和指标。这种方法的优势在于能够针对性地识别和评估各个阶段的特定风险，评估结果更加准确和实用。但其局限性在于可能忽视跨阶段的风险影响，且需要投入较多的时间和资源进行持续评估。这种方法特别适用于周期较长、阶段特征明显的国际项目，如大型工程建设项目或研发项目。

风险评估方法的选择直接影响着风险评估的效果和效率。在实际应用中，这3种方法并非互相排斥，而是可以根据需要灵活组合使用。随着项目管理实践的发展和信息技术的进步，这些传统方法也在不断改进和创新。项目经理需要深入理解各种方法的特点和适用条件，结合项目的具体情况和风险特征，选择合适的评估方法组合。同时，还要注意评估方法的实用性和可操作性，确保评估结果能够为风险应对决策提供有效的支持。在国际项目中，由于面临的风险更加复杂和多样化，更需要灵活运用这些方法，并根据项目进展情况及时调整评估策略，以确保风险评估的科学性和有效性。

6.4　风险应对

风险应对是风险管理的关键落地环节。本节将首先探讨国际项目中常见的四种风险应对策略，随后，详细阐述如何将这些策略转化为实际行动，帮助项目经理全面掌握风险应对要点，有效化解项目风险，确保项目顺利推进。

6.4.1　风险应对策略

在完成风险识别和评估后，项目经理需要针对每个已识别的重要风险制定相应的应对策略。风险应对策略的选择不仅要考虑风险本身的特征，还要权衡应对措施的成本和收益。基于多年的项目管理实践，风险应对策略已经形成了一个相对完整的体系[10]，主要包括4种基本策略。

规避风险是最彻底的风险应对策略，其核心是通过改变项目计划或调整项目目标来完全消除特定风险。例如，在一个跨国技术开发项目中，如果某个技术方案存在重大风险，项目经理可能会选择采用更成熟的替代技术，从而避免潜在的技术风险。又如，当评估发现某个地区的政治环境存在重大不确定性时，项目团队可能会选择将项目实施地点改至政治环境更稳定的地区。规避策略的优点是能够从根本上消除风险，但其代价往往较高，可能需要放弃某些商业机会或增加项目成本。这种策略特别适用于那些一旦发生就会造成严重后果且发生概率较高的风险。

减轻风险策略是指采取积极措施来降低风险发生的概率或减小风险造成的影响。这种策略承认风险的存在，但试图将其控制在可接受的范围内。例如，在国际工程项目中，为了减轻工期延误的风险，项目经理可能会增加关键路径上的时间缓冲，或者采用并行施工的方式。在技术项目中，为了减轻技术失败的风险，可以进行充分的测试和验证，建立完善的质量控制体系。减轻策略的优势在于它能在保持项目基本目标不变的情况下，通过合理的投入来控制风险。但这种策略也需要额外的资源投入，项目经理需要权衡投入与收益。这种策略适用于大多数可控的项目风险。

接受风险策略是指在权衡后决定承担某些风险，这通常适用于那些发生概率较低或影响较小的风险。接受风险可以是主动的也可以是被动的。主动接受意味着项目团队制订了应急计划，准备了相应的储备资金或资源。例如，在软件开发项目中，项目经理可能会接受某些非关键功能可能出现小问题的风险，但同时准备好修复方案。被动接受则是在风险发生时才采取应对措施。这种策略的优点是不需要前期投入，适合那些应对成本高于潜在损失的风险。但它要求项目团队有足够的风险承受能力，且需要密切监控风险状况。

分担风险策略是通过与其他方分担风险责任来降低单个主体承担的风险程度。这种策略常见的形式包括购买保险、签订风险转移合同、建立合资企业等。例如，在国际贸易项目中，可以通过购买货物运输保险来转移运输风险；在大型工程项目中，可以通过分包合同将部分风险转移给专业分包商。分担策略的优势在于可以利用专业机构的风险管理能力，降低自身的风险暴露程度。但这种策略往往需要支付额外的成本，且需要谨慎选择合作伙伴，确保他们有能力承担相应的风险责任。

风险应对策略的选择是一个复杂的决策过程，需要综合考虑多个因素，包括风险的特征、应对成本、项目目标、资源约束等。在实际项目管理中，这4种策略往往需要灵活组合使用，针对不同的风险采取不同的应对措施。项目经理需要建立动态的风险应对机制，定期评估应对策略的有效性，并根据项目进展和环境变化及时调整策略。同时，还要注意风险应对措施本身可能带来新的风险，需要进行全面的评估和权衡。通过科学合理的风险应对策略选择和实施，项目经理才能够有效管控项目风险，确保项目目标的实现。

6.4.2　风险应对措施

在明确了风险应对策略后，接下来关键的就是将这些策略转化为切实可行的应对措施，只有真正地把风险应对策略落地实施，才可能保障国际项目的顺利推进。接下来，本节将详细解释，如何在实际操作中，紧密围绕之前制定的风险应对策略，采取有效措施，从不同角度解决国际项目风险问题。

调整计划是规避风险策略的重要措施。当项目经理决定采用更成熟的替代技术来规避技术风险时，调整计划就显得尤为关键。这意味着整个国际项目的技术路线、开发流程以及人员分工都可能需要重新规划。技术团队需要重新评估替代技术的可行性和应用要点，制订详细的技术实施计划；项目管理团队则要协调资源，确保新的技术方案能够顺利融入项目整体进度。若是在实施过程中，发现原计划的进度安排不合理，为了减轻工期延误风险，也需要及时调整计划，重新分配任务时间，优化资源配置，保障项目按新的规划有序推进。

购买保险是分担风险策略的重要措施。承接分担风险策略中提到的国际贸易项目，购买货物运输保险后，还需要明确理赔流程、保险覆盖范围等细节。项目团队要与保险公司保持密切沟通，确保在货物运输出现风险时，能够迅速启动理赔程序，减少损失。而且在购买保险时，项目团队需要综合考虑保险费用、保障范围、保险公司信誉等多方面因素，选择最适合项目的保险产品，让购买保险这一措施切实有效地分担风险。

制订应急计划是接受风险策略的重要措施。对于那些主动接受风险并准备相应应急计划的情况，应急计划的制订就显得格外重要。就像软件开发项目中接受非关键功能可能出现小问题的风险，应急计划要明确问题出现时的处理流程。例如，设置专门的技术小组负责快速响应，制定问题排查和修复的标准流程，规定在一定时间内完成问题解决并向相关方汇报。同时，应急计划还需要定期演练和更新，确保当风险真的发生时，团队能够迅速、有序地执行计划，将风险影响降到最低。在演练过程中，发现问题及时调整计划，使其更贴合实际情况，更好地服务于项目风险应对。

将风险应对策略转化为具体的应对措施是一个复杂且细致的过程，需要项目团队全方位、多层次地考量各种因素，紧密围绕风险应对策略，将调整计划、购买保险、制订应急计划等措施精准落实，在国际项目推进过程中不断优化和完善，为国际项目的成功实施提供坚实保障。

6.5 风险监控

在国际项目风险管理中，当应对措施得以实施后，并不意味着风险管控工作的结束，持续的风险监控也是确保项目顺利推进的关键环节。项目经理需要通过风险监控，时刻关注着风险的动态变化，及时发现潜在问题并加以解决。

风险监控的第一步是定期审查风险管理计划，这也是风险监控的基础。风险管理计划是项目团队应对风险的行动指南，随着项目的推进，内外部环境可能发生变化，原有的计划或许不再完全适用。例如，在一个跨国建筑项目中，起初制订的风险管理计划针对当地相对稳定的建材市场价格波动设定了应对措施。但在项目实施过程中，由于国际原材料市场的大幅动荡，当地建材价格出现了远超预期的上涨。此时，项目经理需要定期审查风险管理计划，重新评估价格波动对项目成本的影响程度，分析原计划中应对价格风险的措施是否仍然有效。通过全面审查，项目经理可以发现计划中存在的不足，如应对资金储备不足、备选供应商资源不够丰富等问题，进而为后续调整提供依据。

风险监控的第二步是更新风险清单。风险清单记录着项目可能面临的各种风险，在国际项目进展过程中，新的风险可能不断涌现，已识别的风险状态也可能发生改变。继续以上述跨国建筑项目为例，在项目施工中期，由于当地政府出台了新的环保法规，对建筑施工过程中的扬尘排放、噪声控制等方面提出了更严格的要求。这就产生了新的合规风险，项目经理需要及时将其纳入风险清单。同时，对于已在清单上的风险，如施工人员因语言沟通障碍导致的协作风险，随着项目团队开展语言培训等应对措施的实施，其发生的可能性和影响程度都有所降低，团队也应在风险清单中及时更新这些信息。通过持续更新风险清单，项目经理能够对项目面临的风险状况始终保持清晰的认识，为精准管控风险提供有力支持。

风险监控贯穿于项目的整个生命周期，通过定期审查风险管理计划、持续更新风险清单以及适时调整应对措施，项目经理能够及时发现并处理风险变化带来的问题，为国际项目的成功实施提供坚实保障。

参考文献

[1]沈峰. 国际项目控制新方法和新实践[J]. 项目管理技术, 2024, 22(6): 2–4.

[2]王蕾. 项目管理中范围管理在实践项目中的应用[J]. 河北企业, 2021(05): 86–87.

[3]邱士军. 项目时间管理的实施及控制策略[J]. 科技创新与应用, 2015(31): 279.

[4]翟源景, 芮明炜. 关于项目时间管理的进度计划方法研究[J]. 人力资源管理, 2013(9): 58.

[5]孙婷. EPC工程总承包项目成本管理及控制要点研究[J]. 中国集体经济, 2025(13): 85–88.

[6]王洪涛, 寇倩茜. 工程项目成本管理及优化对策[J]. 建筑设计管理, 2025, 42(02): 34–43.

[7]潘加宁. 如何做好项目质量策划[J]. 中国质量技术监督, 2011(3): 64–65.

[8]房西苑, 周蓉翌. 项目管理融会贯通[M]. 北京: 机械工业出版社, 2010.

[9]高晓林. 基于德尔菲法和模糊综合评价法的国际工程项目风险分析[J]. 项目管理技术, 2018, 16(8): 85–92.

[10]张燕. 浅谈国际工程风险应对策略[J]. 中国集体经济, 2020(6): 36–37.